湛庐文化 Cheers Publishing
a mindstyle business
与 思 想 有 关

KEN ROBINSON
肯·罗宾逊
全球知名教育家
排名第一的 TED 演讲人

# KEN ROBINSON

## 全球最具影响力的教育家
## 创造力和创新思想家

罗宾逊出生于英国利物浦的一个普通工人家庭，有 6 个兄弟姐妹。他的父亲在一次工伤事故后瘫痪。更不幸的是，罗宾逊在 4 岁时患上了脊髓灰质炎。

在克服重重困难后，罗宾逊于 1968 年考入利兹大学布勒顿霍尔教育学院学习英语和戏剧。1981 年，罗宾逊进入伦敦大学研究教育戏剧和教育剧场，并获得博士学位。此外，他还获得了美国罗德岛设计学院等众多大学的名誉学位。

1989—2001 年期间，罗宾逊任英国华威大学教育学教授。1998 年，他在英国组建了一个关于创造力、教育与经济的委员会，并发表了一篇极富影响力的报告《我们未来的全部：创造力、文化和教育》（*All Our Futures: Creativity, Culture and Education*）。

罗宾逊的足迹遍布欧洲、美国和亚洲，合作对象中既有各国政府和教育部门，也有知名的国际文化组织和世界 500 强企业。

为了更广泛地传播自己的先进教育理念，罗宾逊已经出版了 4 本畅销书：《让天赋自由》、《发现天赋的 15 个训练方法》、《让学校重生》和《让思维自由》。2011 年，罗宾逊被《快公司》评为“创造力和创新领域的全球杰出思想家”。

# KEN ROBINSON

## 排名第一的 TED 演讲人

肯·罗宾逊极具演讲才华，他凭着对教育、创造力和创新的深刻理解、幽默的演讲风格彻底征服了观众。罗宾逊已成为当今排名第一的 TED 演讲人。

在新的全球经济环境下，“商业和教育在创造力方面所面临的挑战”成为罗宾逊 TED 演讲的主题。到目前为止，罗宾逊已经进行了 3 次 TED 演讲，分别是 2006 年的《学校扼杀创造力》（*How Schools Kill Creativity*）、2010 年的《推动学习革命》（*Bring on the Learning Revolution*）和 2013 年的《如何逃离教育的死亡谷》（*How to Escape Education's Death Valley*）。

2010 年，英国皇家艺术、制造与商业促进会把罗宾逊关于教育变革的演讲制作成了视频动画。这个视频动画上传到 YouTube 第一周，观看次数就直逼 50 万，到 2013 年 12 月，总观看次数已超过 2 000 万。

在 2013 年的 TED 演讲《如何逃离教育的死亡谷》中，罗宾逊提出了实现人类繁荣的 3 大关键原则。

《学校扼杀创造力》这一演讲创造了 TED 大会创立以来观看人次最多的纪录。截至 2017 年 6 月底，全球通过 TED 网站观看这一演讲的人次超过了 5 000 万。

# KEN ROBINSON

**“全球最具影响力 50 大商业思想家”之一**

由于在教育、艺术和文化交流方面的突出成就，罗宾逊获得了雅典娜奖、皮博迪奖、乐高奖、本杰明·富兰克林奖等众多奖项。

2003 年，他因在艺术服务方面的杰出贡献而被英国女王伊丽莎白二世封为爵士。2005 年，他被《时代周刊》、《财富》和 CNN 评为“主流之声”（Principal Voices）。

罗宾逊认为，教育必须服务于 3 个目标：第一，教育应该向多样化方向发展；第二，教育应该通过创造性教学培养学生的好奇心；第三，教育应该致力于唤醒学生的创造力。2011 年，由于在教育和创造力培养方面的先进理念与独到见解，罗宾逊入选“全球最具影响力 50 大商业思想家”排行榜。

# Out of Our Minds

# 让思维自由

[英] 肯·罗宾逊（Ken Robinson）◎著　闫佳◎译

## The Power of Being Creative

浙江人民出版社
ZHEJIANG PEOPLE'S PUBLISHING HOUSE

OUT OF OUR MINDS

谨以此书献给我的妻子特里，是她让一切变为可能。

The Power of
Being Creative

# 放飞你的创造性思维!

1.你认为以下哪些活动需要具备创造力?(　　)

A. 科学　　B. 医学

C. 艺术　　D. 广告

2.以下哪些技术进步将会对现行的教育制度造成冲击?(　　)

A. 纳米技术　　B. 基因编辑

C. 人工智能　　D. 虚拟现实

3.2015年12月10日，美国时任总统奥巴马签署了一项旨在提高各学校的学术水平，以提升大学入学率，增强美国经济实力的法案。你知道具体是哪项法案吗?(　　)

A.《中小学教育法》　　B.《不让一个孩子掉队法案》

C.《巴特勒教育法》　　D.《教育法》

4. 传统教育模式最为重视的两种学术能力的基础是什么？（　　）

A. 命题性知识　　　B. 判断性知识

C. “逻辑 - 演绎”推理　　　D. 事实性知识

5. 以下哪些能力是被传统教育所忽视，又被当前社会所迫切需要的？（　　）

A. 记忆事实性知识　　　B. 批判性思维

C. 协作与共情　　　D. 应试技巧

想要知道如何释放你的创造力，让思维自由吗？

扫码下载“湛庐阅读”APP，

“扫一扫”本书封底条形码，获取测试题答案！

# 做教育创新真正的引领者

**李一诺**

一土学校创始人，2016年“全球青年领袖”

做教育创新的，通常有两类最极端的人，一类是最虚妄的人，一类是最谦逊的人。

为什么是最虚妄的人？

因为“创新＋教育”太容易成为卖点，太容易制造焦虑，又被作为消除焦虑的“良药”：“未来充满未知，竞争极其激烈，想要知道如何让你的孩子胜出吗？来试试我们的创新教育吧。”怎么样，这类宣传是不是似曾相识？似乎任何有名头的人都可以成为专家；随便办个培训班或建个营地就可以称为“教育”；而只要是国外拿过来的东西，都可以称为“创新”。在各种市场分析、投资报告中，教育的本质早就变得模糊。所谓的教育创新，也沦为了虚妄者狂欢的舞台。

又为什么是最谦逊的人呢？

因为教育的本质在于人。人世间再没有比“让人成为人”更深刻、更宏大的课题了。但凡真正沉下心来做教育的人，都必怀有一颗敬畏之心。最优秀的教育者面临的终极“瓶颈”既不是技术，也不是知识，而是教育者自身对世界和自我的认知的深度和高度。所有真正做教育的人都深谙这一点，所以他们会以最谦逊和敬畏的心，在“外在世界”做好匠人，在“内在世界”寻求开悟。

但最难得的，其实是第三类人。

他们既怀有对教育的敬畏之心、谦卑之心，能够把理念付诸点滴实践和辛勤耕耘，又可以利用合适的舞台，有效发声、积极倡导、联合同盟，以推动整个教育系统的改变。他们谦逊而不迂腐，发声而不虚妄；既有一线的实践经验，又有哲学层面的思考；既有对现状的抨击，又能提出具有建设性的意见与方法。

这一类人，是教育创新真正的引领者！

湛庐文化引进的这一套书，就是这样几位世界范围内的教育创新引领者的精华之作，实属难得。其中又属《为孩子重塑教育》(*Most Likely to Succeed*)[①]这本书与我们渊源最深。在筹办一土学校的时候，我们就和美国的高科技高中(High Tech High)建立了合作，在教师培训方面有很多交流。我们也是第一个支持教师去参加高科技高中教师培训的中国学校。过去的每一个假期，高科技高中的教师也都会到一土学校来做交流和培训。因为高科技高中，我们又知道了《为孩子重塑教育》这部同名纪录片，也在中国协助组织了多次放映。我们和高科技高中的合作，与纪录片和书里的很多场景及描述非常相似。

① 本书中文简体字版已由湛庐文化策划、浙江人民出版社出版。——编者注

肯·罗宾逊先生的教育理念也与我们创办学校的初衷不谋而合，当前的学校系统对学生创造力的压抑和限制，将会对他们的未来产生不利影响。对教育系统进行改革，帮助学生发现他们的天赋，从而使他们过上真正幸福的生活，是我们共同的追求与期许。能够在教育一线亲身感受这些教育实践的发生，我备感幸运。

2016 年，我们开始着手在北京创办一土学校。虽然从表面上看，一土是一所学校，但实际上，我们是想要与众多同行者一起努力，着眼于中国的当下与未来，致力于改变教育生态。从产生这个想法到现在，陶行知先生给了我很大的指引。

陶行知先生是中国近代教育革新的引领者，他在近百年前写下的很多文字，到现在都具有深远的现实意义。在写于 1924 年的名篇《半周岁的燕子矶国民学校——一个用钱少的活学校》中，陶行知先生讲述了一所建在关帝庙里的学校发生的故事，通过带学生“做事”，让学生融入当地社会，那所学校实现了真正的卓越教育。我们现在常常讲项目学习，听上去似乎是很先进的东西，但从陶行知先生的记录里可以看出，在百年前就有类似在学校环境下开展的实践了，而且从思路到方法，再到教育的效果都非常出色。

陶行知提出的“社会即学校，生活即教育”是对教育最浅显易懂又最深刻的阐述。所以，我在这里也想引用他在《第一流的教育家》里面的几句话：“我们在教育界做事的人，胆量太小……不是乞灵古人，就是仿效外国。”今日的教育家，要“敢探未发明的新理，敢入未开化的边疆”。湛庐文化这套书的作者就是这样的教育家。这些话，也与大家共勉。

其实，有关教育的问题，从来都没有“标准答案”或“完美方案”，更没有

“一招制胜”“一劳永逸”的教育模式或系统。教育是一个社会问题，同时，因为教育关乎人类社会的未来，所以更是一个难以“解决”的社会问题。所以我们研究和学习教育创新的目的不应该是给出一套“答案”，而是怀着开放的心态，在不断的质疑、提问、实践和总结中摸索前进。这套教育主题丛书如果能给我们带来这样的心态、碰撞和思考，我想也就足够了。

# 跳出思维的禁锢

Out of Our Minds

如果我们总是直勾勾地盯着后视镜，就无法成功地在复杂的未来环境中畅游。为了实现这一目的，我们必须跳出思维定式的禁锢。

《让思维自由》于 2000 年首次出版，全新修订的第二版出版于 2011 年。如今你手里拿的是第三版，再次全新修订。为什么又要出新版呢？

我最初动笔撰写本书的主要原因在于，世界变化的速度，以及它的性质，使我们需要从截然不同的角度去对自己、对教育、对企业与机构的运营展开思考。几乎在每一条战线上，变革的步伐都变得愈发“疯狂”，而本书所探讨的核心问题也由此显得更为迫切。这次的新版，就是我想要跟上这些变化的尝试。

新版问世的第二个原因是，我在本书中提出的观点，变得愈发迫切，而新版对它们做了更为犀利的呈现。世界越来越复杂，我们也需要变得更具创造力，以迎接它提出的挑战。可很多人仍不清楚自己是否具备创造能力。本书讲的是，为什么创造力如此重要，为什么人们认为自己没有创造力，我们怎样来到了这一步，我们又能为之做些什么。**本书的目标首先是帮助人们理解自身创造力的深度，以及解答为什么人们会对自己的创造力有所怀疑的问题；其次，鼓励组织相信人们的创造力，并为之创造出让创新繁荣发展的条件；最后，推动教育领域的创造力革命。**

我曾在原版引言中说过，这本书叫作《让思维自由》，原因有三。如今，这三个原因仍然成立，兹列如下。首先，人类的智慧有着深刻和独特的创造力。我们生活的世界，是靠人类的想象力及文化造就的观点、信念和价值观所塑造的。人类世界的创造，既出于自然环境，又“出自我们的思维”（out of our minds）。思想和感受不仅是对世界本来面貌的还原，而且是对世界产生自己独特的观点，并阐释经验以赋予意义。因为拥有的观念和体验到的意义不同，所以不同社群又有着很不一样的生活方式。从表面上看，我们创造了自己所置身的世界。当然，我们也可以重新塑造它。人类历史上的伟大革命，大多由全新观念所引发：新的观察方式粉碎了固有的确定性。

其次，实现我们的创造力部分取决于才能发挥的载体。教育本来就应该帮助我们做到这一点，但很多时候，它并未帮上忙，反而让很多人放弃了自己的真才实干。他们抛弃了自己的才能，从这个意义上来说，也就是“抛弃了他们的思维”（out of their minds）。

最后，如今有一种癫狂情绪推动着现行教育政策的发展。我们本应该理性地辩论“用什么样的战略来迎接这些重大变化”，却有人老调重弹，要求我们将传统的学业标准拔高。一如我所解释的，这些标准是为其他时代、其他地方设计的。如果我们总是直勾勾地盯着后视镜，就无法成功地在复杂的未来环境中畅游。今天，跟2001年本书刚问世时一样，我确信：要想保持航线，我们就应该“让思维自由”(out of our minds)。

肯·罗宾逊于洛杉矶

2017年5月

OUT OF OUR MINDS

# 目录

# 创造力成就美好未来

Out of Our Minds

> 每当有人对我说自己没有创造力时，我都认为，他们并不明白创造力的内涵。

你的创造力如何？与你共事的人创造力如何？你朋友的创造力是高还是低？下次，当你出席社交活动时就可以问问他们。实不相瞒，你可能会对他们给出的答案感到惊讶。因为我曾跟世界上许多不同的组织和个人共事过，但不管我走到哪里，总会发现同样的悖论：大多数孩子都觉得自己极富创造力，而大多数成年人却不这么看自己。事实上，这个问题比表面上看起来要严重得多！

## 创造未来，预测未来的最好方法

我们生活在一个变革正极速发生的世界，也因此面临着前所未有的挑战。对我们来说，复杂的未来将如何展现还是一个未知数。而文化变革也从来都是曲折的，很难被预测。如果它能够被预测，也就不需要有那么多媒体专家和文化预测者了。或许正是考虑到了这些纷繁的动荡，经济学家加尔布雷思（J.K. Galbraith）才说："经济预测的主要目的，就是让占星术显得更可靠。"

随着世界的转速变得越来越快，很多组织都认为，自己需要招聘到的是拥有创新思维以及与团队沟通顺畅、合作无间的员工，是那些灵活、适应性强的人。很多时候，这些组织总是认为自己招聘不到这样的员工。为什么呢？本书的目的就是解答如下 3 个问题：

- **为什么提升创造力至关重要？** 商界领袖、政治家和教育家一直都在强调提升创造力和创新能力的重要意义，为什么这件事这么重要？
- **问题出在哪里？** 为什么人们只有在别人的帮助下才能发挥创造力？孩童时，我们满脑子的点子会咕嘟咕嘟地往外冒。但是长大以后，是什么让我们觉得自己没有创造力了呢？
- **与哪些因素有关？** 什么是创造力？是人人都有，还是只有很少一部分人才有？创造力能够被培养、开发出来吗？如果能，又该怎么做呢？

每个人偶尔都会想出一些新点子，但如何激发创造力，才能让它稳定而可靠地成为我们日常生活中的一部分？如果你正经营着公司、组织或学校，那么你能使创造力变得更系统、更规律吗？你该如何引领创新文化？

# 重新思考创造力

为了回答这些问题，剖析创造力的本质以及它在实践中的运作方式就显得很重要了。有 3 个相关的概念，我会在后文中逐一阐述，它们分别为想象、创造力和创新。想象指的是我们想到感官里并不存在的东西的能力；创造力指的是我们开发有价值的独创见解的能力；而创新则指的是我们将新想法付诸实践的能力。在这 3 种能力中，人们尤其对创造力存在着各种各样的误解。

## 创造力是特殊之人才拥有的吗？

人们常常误认为，只有特殊之人才拥有创造力：创造力是一种罕见的才能。毕加索、爱因斯坦、爱迪生、玛莎·格莱姆（Martha Graham，美国舞蹈家）、弗吉尼亚·伍尔夫（Virginia Woolf，英国女作家）、玛雅·安吉罗（Maya Angelou，美国非裔女诗人、作家、导演等）和史蒂夫·乔布斯等人的人生故事更加强化了这一观念。企业往往把员工分为两类："创意人"和"普通人"。你通常很容易就能分辨出谁是"创意人"，因为他们上班时不穿西装。他们穿牛仔裤，而且可以迟到，因为他们在忙着苦苦思索好点子。当然，我并不是说"创意人"没有创造力。他们很可能极具创造力，但我要强调的是，只要有可供施展能力的土壤，任何人都能做到，包括西装革履的"普通人"。事实上，每个人都拥有巨大的创造力，但关键是如何将其开发出来。创造性文化涉及每一个人，而不仅仅是少数几个人。

## 创造力是一种特殊的活动吗？

第二个误解是，创造力与特殊活动有关，比如艺术、广告、设计或营销。不过，虽然这些活动可能都需要创造力，但很多其他事情，如科学、数学、教育、医学、与他人协作、管理运动团队、经营餐馆，也一样需要创造力。有些学校会设立艺术学院，这正好契合了我的一贯主张，即学校应提供更好的艺术教育。稍后，我会解释提出这一主张的原因。当然，创造力并不仅局限于艺术：学校开展艺术教育的原因有很多，其中就包括艺术教育在培养创造力的过程中所发挥的作用；但学校教授其他功课的原因同样充分。同时，包括科学和数学在内的其他学科，恐怕与音乐和舞蹈一样富有创造力。所以，每当我们运用自己的智力时，就有可能会产生创造力。

不同企业会在不同领域发挥各自的创造力。比如，苹果公司最擅长的是开发新产品；沃尔玛的创造优势在系统上，如革新供应链的管理和定价。咖啡连锁店星巴克并不曾发明咖啡，而是围绕咖啡创造了一种特别的文化。事实上，它的确创造出了售价高达 8 美元一杯的咖啡，我认为，这算得上是一种突破。创新文化应该能应用到组织的所有领域。

## 要有创造力就得松开缰绳?

创造力有时与自由表达相关，这也就是之所以有些人会对创造力教育表示担忧的部分原因。他们认为，孩子们理应疯狂打闹、撞翻家具，而不应该老老实实地做功课。进行创意工作时，人们通常会玩味自己的点子，享受其中，让想象力肆无忌惮地飞驰。但创造力同时也需要我们精神高度集中地琢磨自己的想法和项目，为之打磨出最佳的表现形式，明智地判断出最适合的实践方法，并指出原因所在。在每一门学科中，创造力都要借鉴技能、知识和自制力方面的优势。它不仅仅需要我们松开思想的缰绳，更需要我们将之操控得如鱼得水。

## 创造力是可以通过学习获得的吗?

人们往往认为创造力是天生的：要么天生就有，要么就没有，就好像有人一生下来眼睛就是蓝色的，而有人的眼睛则是褐色的一样，命中注定，人类根本没有选择的余地。但事实上，你有很多种办法可以帮助人们变得更具创造力。如果有人告诉你，他们不识字也不会写，你不会认为他们不具备阅读和写作能力，相反，他们只是没有接受过相关教育而已。创造力也一样。每当有人告诉我他没有创造力时，我都会认为，他只是不了解创造力到底是怎么回事罢了。那么，为什么这些问题很重要?

# 最重要的三大主题

以下三个基本主题将贯穿全书：

- 首先，我们生活在一个充满革命性变化的时代。

无论你身在何处，从事什么工作，只要你还生活在这个地球上，就必然会被卷入一场全球性的变革中。我说的是真正意义上的变革，可不只是比喻。如今，一些前所未有的力量正在涌现。我知道这是一个大胆的观点，但它的确很有道理。人类活动总是跌宕起伏，而现在其最独特的地方在于惊人的变化速度和规模。技术创新和人口增长是这一变化的两大推动力：它们相互融合，改变了我们的生活和工作方式，改变了政治和文化的性质；它们对地球的自然资源施加了极大的压力，后果无法预料。但可以肯定的是，我们和自己的孩子将要面临人类历史上独一无二的挑战。

- 其次，为了生存和繁荣，我们必须利用不同的方式衡量自己的能力，并付诸实践。

鉴于现在我们所面临的挑战，最深刻的转变必须来自我们对自身能力的认识和我们对下一代能力的认识。以我的经验来看，许多人，甚至大多数人都不了解自己的真实才能。很多人都觉得自己没有什么特别的才干。但我认为，所有人天生就拥有极大的才能，可只有少数人能发现自己的才能所在，而能适当开发自身才能的人就更少了。具有讽刺意味的是，白白浪费才能的一个主要原因，恰恰来自“教育”这一本该培养才能的领域。大多数教育工作者都打心眼里想帮助学生做到最好。政治家们也一样，他们慷慨陈词，希望每一个学生都能最大限度地发挥自己的才能。尽管如此，浪费才能却是一种系统性的整体现象。目前的主流教育和培训方法痴迷于特定种类的学术能力，系统性地忽视天赋，扼杀了不计其数的学生的创意自信。

最后，为了实现上述目标，我们必须以截然不同的方式来经营学校、企业和社会。

引领创新文化，就意味着机构（不管是学校还是企业）的组织方式和领导风格要做出重大改变。商业和公共领域负责人的首要日程里存有几点共识。这些负责人都认为，自己所面临的最大挑战是，环境的复杂性正在迅速加剧。未来，这一趋势还会进一步加速。他们还意识到，自己所属的机构眼下还无法有效地应对如此复杂的全球环境。他们压倒性地同意：对要应对日益加剧的复杂环境的组织来说，唯一至关重要的领导力就是创造力。许多组织只是偶尔在培训日里鼓励员工进行创造性思考；但在我看来，与求雨仪式一样，这些组织往往错误理解了自己要尝试解决的问题。它们面临的问题很直观。所以，商业组织可以采取一些直接的举措来解决这些问题。但长期的解决之道，还在于上游的教育系统。

在我的职业生涯中，我与全美教育系统、学区、校长、教师，以及从幼儿园到大学（还包括社区大学、成人教育协会等）的学生都打过交道。我主持过全美性质的研究项目，在大学教过书，还做过教师培训，现在仍然在与各种类型的企业合作，包括《财富》500强企业、各大银行和保险公司、设计公司、传媒公司、信息技术组织以及零售、制造、工程与服务公司。我也曾与艺术和科学界的主要文化中心合作过，比如博物馆、乐团、舞蹈和戏剧公司、社区艺术组织等。因为工作的缘故，我去过欧洲、北美、南美、中东和亚洲等地。以我的经验来看，教育、商业和文化领域面临着许多共同的挑战。可由于它们彼此之间缺少联系，又进一步加剧了这些挑战。

我跟商界领袖们提起的时候，他们总抱怨说，教育没能带来他们最迫切需要的人才，也就是思维缜密、长于创造的自信的人；能够独立想出新点子、又能帮忙执行的人；能够清晰沟通、与他人很好合作的人。他们希望教育系统培养这样的人，如果教育做不到，他们就会发牢骚。而当我跟教育工作者共事的时候，他们却抱怨说，政客们出于经济考量青睐有加的标准化考试文化打压了教师和学生们的创造力。教育工作者希望能够系统提供更平衡、更灵活的教育形式，把自己的创意能量充分地发挥出来。但很多时候，他们对此感到无能为力，因为政治压力要求他们一视同仁，承受着同样压力的学生们也普遍感到不满。与此同时，因为担心孩子的受教育质量，家长们夜不能寐。大多数家长都认为教育会帮助自己的孩子找到工作，实现经济独立。家长们还希望教育能够帮助年轻人发现自己独特的才能，过上有意义、有目标的生活。当然，年轻人也这么希望。要让所有人拥有更美好的未来，关键就在于所有这些群体之间获得更深刻的理解，建立合作关系。

## 携手联合是唯一出路：教育、企业和文化

在社交场合，“教育”可不是一个受欢迎的词儿。如果在聚会上对别人说自己是从事教育工作的，那我很可能就会看到对方大惊失色。“我怎么这么不走运啊，”他们肯定会想，“一个星期就这么一天时间出来放松，却碰上个搞教育的！”但如果我主动打听他们的受教育状况或他们孩子的学业，那脱不了身的人可就是我了。很多人都很想与人交流自己的教育经历，每个人都有非常鲜明的看法。教育与宗教、政治和金钱一样，是藏在人们内心深处的一个话题。事实上也理应如此。教育对事业生涯的成功、孩子的未来和全球的长期发展，都至关重要。不仅如此，它还给我们的个人形象烙上了难以磨灭的印记。

世界上许多成功者在学校的表现都不尽如人意。不管他们后来多么成功，也往往会暗中焦虑，担心自己其实不如表现的那么聪明。这些人可能是老师、大学教授、校长，也可能是商人、音乐家、作家、画家、建筑师等。许多人是在从教育带给自己的挫败中痊愈之后才取得成功的。当然，也有很多人喜欢受教育的时光，而且日后也靠教育过得很好。那么，那些没能做到的人该怎么办呢？鉴于如今世界的变化，各地政府都向教育改革投入了庞大的资源。这很好，但还不够。现在的挑战是彻底地改造它们。

随着技术和经济变革加快脚步，世界各地的教育系统都在进行改革。大多数国家采用的是两手抓策略。一方面是扩大教育范围，尤其是高等教育的覆盖面。对教育资源的需求每年都在增长，教育和培训如今已处于全世界规模最大的产业之列。另一方面是提高教育标准。教育标准应该要高，而且提高标准显然是个好主意。降低标准是没太大意义的。但到底是什么东西的标

准呢？教育更多的人，让他们接受更高标准的教育，这当然是关键，只不过，还要以不同的方式教育他们。

教育从来都不是一个培养人天生能力的公平过程。大众教育系统建立在两大支柱的基础之上，其中之一是经济，受有关劳动力市场的具体假设所塑造，而这些假设，有些如今已经过时了；另一个支柱是智力，受有关学术智力的特定理念所塑造，学术智力往往会忽视其他同等重要的能力，尤其是创造力和创新能力。

19 世纪中叶以前，接受正规教育的人还比较少。受教育基本上是一种特权，只有少数人才能负担得起。大规模的公共教育系统主要是为了迎合工业革命的需求，从很多方面来看，它们反映了工业生产的原则，强调线性、一致性和标准化。

大多数公共教育系统都有着相同的等级之分，并在各自所属的时代里自然显现：地位最高的是数学、语文和科学；接下来是人文科学（历史、地理、社会学）和体育；最末尾的是艺术。艺术中又有另一套等级：绘画和音乐的地位一般比戏剧和舞蹈更高。全世界很少有学校会把舞蹈作为必修科目。事实上，不同科目教学时间的安排就能反映出其地位和等级：是必修还是选修，对哪些学生是必修，对哪些学生是选修；是主修还是辅修；是否包括在标准化考试当中，在提高教学水平的政治论战中又能占到多大比重。这样的等级之分并非事出偶然：它建立在市场供需关系的假设上，尤其是智力和学术能力。

许多政府主导的教育改革对这一模式押下了双倍的赌注。它们巩固这一等级制度，推广标准化考试文化，限制教育工作者对教学的自由裁量权，即决定教什么和教多少。这种现象也并非某一党派的政策。在这方面，各党派的政治家们都奇怪地一致团结起来。一方面，他们力主为教育投资，对教育加以规范，主张让所有孩子都上学、能够自主选择学校，而且，他们还赞同用各种方法提高学业标准。但另一方面，你很少会听到任何一方的政治家对学术标准及标准化教育体系的绝对重要性提出疑问。事实上，这些政治家们是打着“推动经济发展”的旗号来推行这些政策的。之所以说这样做很讽刺是因为，这些改革所扼杀的技能和素质，恰恰是迎接当前挑战所必需的：创造力、文化理解力、沟通能力、合作能力以及解决问题的能力。

对当今世界而言，创新和适应变化的能力已不再是可有可无的奢侈品，而是必需品。所有组织都要在这样的世界里竞争。缺乏创造力的后果很严重，停滞不前的组织很可能会被不留痕迹地抹掉：放眼企业史，抗拒改变的公司和行业的残骸比比皆是，它们被困在固有的习惯里，错过了承载更多创新企业向前发展的变革潮流。

不光只有企业会面临衰落的危险。在 18 世纪和 19 世纪，欧洲，尤其是英国的政治、经济和文化主宰了世界——这一点恐怕不会有太多争议。英国是工业革命的摇篮，其军事力量牢牢地控制着殖民地，而英文也大肆入侵了殖民地文化。1837 年，维多利亚女王登基之时，她执掌的是人类历史上最大的帝国：日不落帝国。如果 1870 年你到女王的宫殿告诉她，“在一代人之内，这个帝国就会倾覆”，人们的嘲笑声肯定会响彻整个王宫。但历史证明，此话没有任何一点虚假之处。到 1918 年第一次世界大战结束时，大英帝国遭受重创，而等到我出生的 1950 年时，这个帝国的辉煌只剩下了过往的记忆。整个 20 世纪，全世界的政治、经济、文化都由美国所主导，就像 19 世纪的欧洲那样。而关于美国能否在 21 世纪继续延续自己的霸主地位，还有待观察。屡获殊荣的美国科学家贾雷德·戴蒙德（Jared Diamond）曾指出，帝国的结局大多是彻底崩溃，而非日渐衰落，正如20世纪90年代苏联的解体！

所有组织都是有机体，都会走向衰落。它们由人创造，为了生存，也就需要持续地再创造。组织若是遭遇了失败，那些依赖组织的就业岗位和社会群体就会出现动荡。如今，受害最深者莫过于青年人。在经济动荡的时候，青年失业率往往比成人失业率更容易受到影响；而从历史上看，青年就业市场的复苏也往往落后于成人就业市场。对于成千上万的年轻人而言，未来似乎变得黯淡无光，充满了绝望：他们没有工作，也不知道哪天才能找到工作。国际劳工组织反复指出，为每年数百万进入劳动力市场的年轻人创造就业岗位，是经济体朝着更富裕方向发展的关键要素。不过，就业岗位的数量虽然重要，但就业质量也很关键。当今世界，一辈子只干一份工作的情况已成为过去。创造力也不再是可有可无的奢侈品，而是事关个人安全感和社会健康程度的必需品。

《世界是平的》一书作者托马斯·弗里德曼（Thomas Friedman）就曾说过："要是有人具备想象力，能创造出新服务、新机会或找工作的新方法……那么，这些人就是新的'打不垮的人'。拥有想象力，就可以发明更聪明的方式完成旧有的工作，以更节能的方式提供新服务，或者用新法子吸引老客户，使新法子结合现有技术——这些人的事业会欣欣向荣。"解决途径是更好的教育和培训。在这里，未来的生意同样不再一如从前。"我们不仅需要提升高中和大学的毕业率，即让青年接受更完整的教育，还需要更多人接受适合自己的教育。学校的任务会变得更加艰巨：它们不只要改善阅读、写作和数学运算的模式，更要培养孩子们的企业家精神、创新能力和创造力。在经济危机中，革新学校和革新银行一样重要。否则，我们根本无法回到过去的好日子。”

“如今的挑战是：要把教育系统转变成某种更符合21世纪的真正需求的东西。这一转变的核心是：用截然不同的眼光去看待人类的智力和创造力。”旧有教育制度如今不再适用，原因之一在于，现实生活不是线性的，更不是标准化的，它由始至终都是有机的、创新的、多元化的。

## 无法预知的职业道路

在我儿子去洛杉矶上大学的几周前，我们一起参加了学校的迎新日。校方把学生和家长分开了：学生们去听选课介绍，家长们则前往金融系进行离别辅导。一位教授向我们介绍了孩子上大学期间家长应扮演什么样的角色。大致意思就是，他劝我们对孩子放手，尽量别在职业选择上给他们太多建议。他举了自己的一个例子。若干年前，他的儿子也在上大学。他的儿子原本想学古典文学，但他和妻子都认为古典文学的就业前景不怎么乐观。所以，当儿子上完大一后说自己决定选个更有用的主修方向时，两人都松了一口气。他们问儿子想学什么，儿子的答案是哲学。虽然这位教授费尽心思向儿子表达了自己的观点，如今可没有哪家哲学企业在招聘，但他的儿子还是毅然决然地选修了若干门哲学课，而最终的专业则是艺术史。

大学毕业后，那位教授的儿子在国际拍卖行里找到了工作。他周游各地，过得很好。他喜欢自己的工作和生活。之所以能得到这份工作，是因为他通晓古代文化、受过哲学专业的训练，同时又热爱艺术史。而在他刚刚开始大学学业时，不管是他本人还是他父母，都无法预见到这条职业道路。

“生活不是一条直线”这个原则适用于每个人，也就是说，当你跟着自己内心的指路明灯前进时，就能创造真正的机会，遇见各式各样的人，获得各式各样的体验，创造不同的生活。我们此时此地的内心期待，深刻地影响着我们未来会成为什么样的人。教育并不会笔直地通往未来：它强调的是培养天赋和敏锐感受，只有通过它们，我们才能在当下过上最好的生活。

## 想象，无限创造力的起源

1862 年 12 月，亚伯拉罕·林肯向美国国会发表了自担任总统以来的第二次年度演讲。这时，离他签署《解放黑人奴隶宣言》还有一个月时间。他在演讲中敦促国会要以全新的眼光看待局势。林肯这样说：“那些属于宁静往日的教条，已不足以迎接今日的风雨。形势日渐严峻，愈发困难。因为这是全新的情况，我们必须拥有新的思维、新的作为。我们必须挣脱自身的枷锁，才能拯救我们的国家。”

我喜欢“挣脱枷锁”这个说法。林肯的意思是，我们靠自己信奉的观点指导生活，但这些观点有可能不再成立了，很可能会与现实脱节。我们会受到它们的麻痹和束缚。要迈步前进，我们必须从旧有的观点中挣脱出来。从大多数方面来看，人类与地球上的大多数生物别无二致：我们在茫茫宇宙中只有短暂的一生；我们都要经过从孕育到死亡的共同生命周期；我们都有许多相同的生理需求；我们依赖于地球所供给的营养物质。

从生物层面上说，人类的进化速度与其他物种大致相同；但在文化层面上，人类却以一种罕见的速度在发展。到目前为止，我们可以说，猫、狗等动物的文化生活都没有出现很大的改变。若我们让它们自由行动，它们似乎总会去做一直以来做的事情，也就是相同类型的事情。所以，我们没有必要随时跟着它们，观察它们是否会出现新情况。但是，在人的一生之中，新事物的出现不可避免，而且变化的速度每天都在加快。原因在于，至少就一个方面而言，人类与地球上其他生命不同。我们有着强大的想象力和无限的创造力。我们能够回首过去，重新加以阐释。我们可以通过他人之眼来观察，进而提升自身的感受。我们可以预测未来可能出现的情形，创造性地采取行动去实现它。我们或许不能预见未来，却能塑造未来。

或许有一天（这一天并不遥远，很快就会到来），我们会被自己一手促成的某些挑战所击垮，如自然环境的、政治领域的以及人类互相矛盾的信仰方面的。如果真是这样，那绝不是因为我们滥用了自己的想象力，而是因为我们用得太少了。所以，现在的我们比以往任何时候都更需要锻炼和施展人类独特创造力的能力。我们所面对的挑战是全球性的，也与个人休戚相关。现在，请和我一起踏上这趟旅程吧。

太快被推入陌生的未来，有可能给人造成创伤效应。这个问题并不出自变化本身，而是出自变化的速度和规模。只有教育能将我们从社会的崩溃中拯救出来，不管这一崩溃是突然降临的还是缓慢而来的。

OUT OF OUR MINDS

# 01 我们正处在大变革时代

The Power of Being Creative

Out of Our Minds

2040 年左右，我们的思维会在某个地方的计算机里留有备份，这样，就算你的肉身逝去，也不会给你的职业生涯带来什么大问题。

——伊恩·皮尔森（Ian Pearson）

## 交通工具的变迁

我父亲出生于 1914 年，在利物浦生活了一辈子，连离城市 50 公里外的地方都很少去。我的母亲出生于 1919 年，直到后半辈子才因度假走出国门。我有 5 个兄弟和 1 个妹妹。哥哥约翰一直都在整理我们的家谱。他发现，截至 19 世纪中后期，与我们祖父母同辈的 8 位亲戚，有 7 位都是在利物浦周边长大的，而且彼此相隔不过几里地，有几个就住在邻街。不过也正是因此，他们才会成为一家人。就整体而言，当时的人会选择在当地结婚，基本上过着跟父母一样的生活。他们看不到媒体上的名人和真人秀明星，就算与在商店里认识的人过一辈子，他们也没有什么不甘心的。他们安于当地的生活，大多数人都一样。

相比之下，因为工作的关系我去过很多地方，有时候甚至记不清自己去过哪儿，又是什么时候去的。几年前，我到挪威的奥斯陆去做演讲，连夜从洛杉矶坐飞机，途经纽约。因飞机晚点，我比预定到达时间晚了 5 个小时，疲倦不堪，但又对当天的活动充满期待。在我为上台做准备时，一位主办人问我以前来过奥斯陆没有。我告诉他："没有，但这座城市很迷人。"直到几个小时后，我才想起来：我以前来过啊，还待了整整一个星期呢！没错，那虽然是大概 15 年前的事儿，但总归我是来过的呀。我总不可能随随便便就跑到挪威闲逛吧。在那个星期里，我做了很多事情：吃饭、洗澡、与朋友见面、聊天以及欣赏挪威的每一隅风景。我到过挪威国家美术馆，欣赏了爱德华·蒙克（Edward Munch）的画作，包括《呐喊》（*The Scream*）。就是因为想到了这件事，我才意识到，我竟然完完全全忘了那趟旅行。这或许是我出行太多的一个标志吧，同样，这也是这个时代的标志。

我以前在英格兰一个名叫斯尼特菲尔德的村子里住过，那里离莎士比亚的故乡埃文河畔的斯特拉特福镇有大约 5 公里。1531 年，莎士比亚的父亲约翰就出生在斯尼特菲尔德。20 岁时，约翰决定离开故乡去 5 公里外的斯特拉特福镇碰碰运气。他的世界观与 500 年后我们的世界观相比差异之大，令人难以置信。在我们生活的世界里，商务旅客经常在周末飞越大洋去开会，他们常常会恍惚到不知自己置身于何处。跟如今比起来，在人类历史上

> Out of Our Minds
>
> 要想理解在今天预测未来有多难，我们只需要想一想，从过去预测今天有多难就行了，因为有事实为证。

的大部分阶段，社会进步都慢得像是蜗牛爬。虽然在莎士比亚的一生中也有过一些革命性的进展，比如发现了新大陆，开辟了丝绸之路，涌现了各种发明创造，但他的日常生活与其父母、祖父母、曾祖父母那几代人其实并没有太大的区别。

我父亲从来没有离开过英格兰。而因为工作和旅游的关系，我至今已经去过欧洲和远东的大部分国家，以及美国和澳大利亚的很多地区。我的孩子们年少时到过的国家，比我小时候多得多。在我成长的 20 世纪五六十年代，我把父母童年时期的 20 世纪 20 年代视为中世纪：大街上都是马，汽车很少，只有蒸汽火车和远洋大轮船，想搭乘飞机出行根本是不可能的；当时没有电视机，电话也寥寥无几。当 1959 年我家有了第一台黑白电视机时，全家人简直觉得我们已经抵达了人类进化的顶峰。现在，我的孩子们恐怕也会觉得我的童年处在古代：电视机只有两个频道，不是彩色的，没有环绕立体声；没有电脑游戏、智能手机、平板电脑，更没有社交媒体。他们生活的世界如此不同，与我祖父母、曾祖父母那一代人简直是天差地别。

差异不仅来自变化的性质，更来自变化的步伐。最深刻的变化不是出现在过去的 500 年里：它们大部分出现在过去的 200 年，尤其是过去的 50 年中；而且，变化速度也越来越快。以下就是一些估算数据。

| | |
|---|---|
| 1950年 | 每人每天平均出行距离大约8公里 |
| 2000年 | 每人每天平均出行距离大约50公里 |
| 2020年 | 每人每天平均出行距离大约95公里 |

我们不妨把过去的 3 000 年想象成钟表盘上的一整圈（60 分钟），而每分钟则代表了 50 年。前 57 分钟，交通运输的历史都是由马、马车和船帆占

主导地位。18 世纪后期，詹姆斯·瓦特改进了蒸汽机。这改变了一切，它是工业革命这场社会地震的一轮巨震。改良后的蒸汽机大大提升了了工业生产的生产力，为海陆运输的提速奠定了基础，为铁路（早期工业国家的大动脉）的发展创造了条件。改良后的蒸汽机以令人难以置信的速度推动了人类的众多活动。从那时起，社会变革的曲线就几乎变成了垂直的。

| | |
|---|---|
| 4分钟前 | 内燃机出现（1807，弗朗索瓦·艾萨克·德瓦茨） |
| 2.6分钟前 | 单缸发动机三轮汽车（1885，卡尔·本茨） |
| 2.3分钟前 | 第一架动力飞机出现（1903，莱特兄弟） |
| 2分钟前 | 火箭推进器出现（1915，罗伯特·戈达德） |
| 1.8分钟前 | 喷气式发动机出现（1930，汉斯·冯·奥海因和弗兰克·惠特尔） |
| 1.2分钟前 | 第一颗人造地球卫星升空（1957，“斯普特尼克”号） |
| 58秒钟前 | 人类第一次登上月球，并在月球表面漫步（1969，“阿波罗”11号） |
| 43秒钟前 | 可重复使用的航天飞机发射（1984，“发现”号） |
| 10秒钟前 | 特斯拉S型电动汽车问世（2009） |
| 8秒钟前 | 无人驾驶航天飞机问世（2010，波音 X-37B战机） |

虽然交通运输领域的变革是社会发展的一项评估指数，但它还算不上是最快的。

## 指数级增长的信息技术

人类社会的文字记录至少已经有 3 000 年历史了。在大多数时间里，这些记录方法几乎没有发生改变。人们在各种东西的表面上做标记：用钢笔在纸上写，用凿子在石头上刻，用颜料在木板上画，借此进行交流。若书面文件仅有一份时，就只能手工抄写。只有少数有特权的人才能接触书写，而且这些人还得具备阅读能力才行。1440—1450年间，也就是我们之前假想的那一时钟的大约11分钟前，约翰内斯·古登堡发明了印刷机。从那时起，变化进程加速几近疯狂。想想过去200年里信息交流领域出现的重大创新吧，它们出现在时钟上的间隔越来越短了。

| | |
|---|---|
| 11.5 分钟前 | 印刷机出现（1440—1450） |
| 3.45 分钟前 | 莫尔斯电码出现（1838—1844） |
| 2.8 分钟前 | 电话出现（1875） |
| 2.6 分钟前 | 无线电出现（1885） |
| 1.8 分钟前 | 黑白电视机出现（1925） |
| 1 分钟前 | 便携、商用传真机出现（1966） |
| 48 秒钟前 | 个人计算机出现（1971） |
| 46 秒钟前 | 模拟手机出现（1979） |
| 32 秒钟前 | 万维网出现（1990） |
| 28 秒钟前 | 短信出现（1992） |
| 20 秒钟前 | 宽带出现（2000） |
| 12 秒钟前 | iPone/智能手机出现（2007） |
| 8 秒钟前 | iPad/平板电脑出现（2010） |

1950年我出生时，家用计算机还没有出现。当时，普通计算机差不多有客厅那么大。这也是人们不买计算机的原因之一：他们总不能为了配合这大而无用的设备而住在户外吧！第二个原因是价格：当时计算机的价格高达几十万美元，只有政府部门和部分企业才买得起。1950年，晶体管问世。1970年，硅芯片也被设计了出来。这些技术创新不仅使计算机的体积缩小了，而且还大大提升了计算机的运转速度和能力。标配内存自此之后出现了成倍增加：从最初的几百KB增长到现在的几个GB。

你口袋里的智能手机，计算能力恐怕比1940年地球上的所有计算机加起来还要强。1960年，杰罗姆·布鲁纳（Jerome Bruner）和乔治·米勒（George Miller）共同创立了哈佛大学认知研究中心，这是世界上第一家致力于研究认知科学的机构。由于研究所的资金很充裕，所以他们购置了美国第一台用来进行心理学实验的计算机：PDP-4小型机，价值65 000美元（那可是在1962年呀），拥有2KB内存，最高可升级到64KB。如今，普通电子表的性能和内存都比1969年的“阿波罗”号飞船（阿姆斯特朗就是搭乘着它“迈出了自己的一小步、人类的一大步”）更好和更大。

据估计，如今全世界每年要制造大约$10^{17}$枚微芯片，我听说这个数目大致相当于全世界的蚂蚁总数。我这么说，是因为我清楚地知道，这是无法核实和验证的。但这一非同寻常的生产速度，反映了如今计算机的应用范围是何等的广阔。在过去70年里，计算机技术的发展步伐一直令人叹为观止。以下是一份简单的大事年表。

| | |
|---|---|
| 1937—1942年 | 美国艾奥瓦州立大学设计出第一台电子数字计算机① |
| 1951年 | 第一款商业计算机Ferranti Mark I 在1951—1959年间共卖出9台 |
| 1965年 | 第一条连接两台计算机的电话线路搭设成功 |
| 1972年 | 第一个电子邮件程序被开发出来 |
| 1974年 | “互联网”（Internet）一词首次出现 |
| 1975年 | 个人计算机牛郎星（Altair）催生了家庭计算机文化 |
| 1976年 | 史蒂夫·沃兹尼亚克和史蒂夫·乔布斯开发出了苹果一代 |
| 1981年 | IBM进入家庭计算机市场，前18个月共卖出136 000台个人计算机 |

① 关于第一台电子数字计算机的诞生历来就多有争议，此处作者采用的说法是，第一台电子数字计算机诞生于艾奥瓦州立大学。——编者注

| | |
|---|---|
| 1983 年 | 微软推出 Word 文字处理器应用程序 |
| 1984 年 | 互联网主机达到1 000台 |
| 1989 年 | 互联网主机达到 10 万台 |
| 1990 年 | 日本发明了能在15 毫米 × 5 毫米大小的硅条上存储52万个字符的微芯片 |
| 1992 年 | 互联网主机超过 100 万台 |
| 1997 年 | 当年7月，互联网主机从 160 万台增至 200 万台<br>谷歌域名 www. google. com 注册 |
| 2002 年 | 第一个社交网站Friendster在美国创办 |
| 2003 年 | Skype VOIP 技术在瑞典推出，以爱沙尼亚开发商设计的软件为基础 |
| 2004 年 | 人们开始用“Web 2.0”来形容日益增多的用户生成网络内容的现象<br>Facebook问世 |
| 2006 年 | Twitter 问世 |
| 2007 年 | 谷歌超越微软成为最有价值、访问量最大的在线品牌 |
| 2010 年 | 全球互联网用户数量接近 20 亿 |
| 2017 年 | Facebook用户量达到18亿<br>全球互联网用户数量接近 40 亿 |

互联网是人类有史以来设计出的最强大、普及度最广的通信系统。它每天都在发展，就像一头庞大的、不断生长的生物，其中数百万链接采用的都是类似人脑里树突状分组和神经节的模式，并以越来越快的速度增加。与大脑一样，突触被激活得越多，链接的反应就会越大。发明家和未来学家雷·库兹韦尔[①]曾指出，生物体和技术的演变都会遵循相同的模式，它们都需要长时间的演变才会出现，但随着进步的逐渐累积，发展最终会以指数级的速度爆发出来：“19 世纪，技术进步的速度和此前的 10 个世纪差不多；20 世纪前 20 年的进步，又与整个 19 世纪的进步相当。当今的重大技术转型往往只出

① 由雷·库兹韦尔撰写的《人工智能的未来》中文简体字版已由湛庐文化策划、浙江人民出版社出版。——编者注

现在短短几年时间里……计算技术正经历着同样的指数级大爆发。”

戈登·摩尔是20世纪60年代中期英特尔公司的联合创始人。据他估计，集成电路板上晶体管的密度每12个月会翻一番，计算机每单位成本的性能和速度也会定期翻倍。20世纪70年代中期，摩尔将这一期限修改为约24个月。这样看来，摩尔定律预计到2020年就会寿终正寝。到那时，晶体管恐怕也就只有几个原子合起来那么宽了。计算机的力量将继续成倍增长，只是形式不同而已。要是机动车技术以同样的速度发展，那么普通家用车肯定会与现在的截然不同：能以6倍音速前进，每加仑汽油能行驶1.5公里，而且售价仅为1美元。我猜你总有一天能拥有这样一辆车。只不过，加速的时候可要千万小心啊！

## 纳米技术

技术创新的速度在过去50年里一直令人叹为观止。但所有迹象表明，变革才刚刚开始。我们预见不到未来50年会出现哪些新技术和新产品，就像莎士比亚预见不到iPad会问世一样。在通往未来的道路上，纳米技术是门户之一，操纵对象极小。现今，纳米技术研究员正通过组装单个原子的方式来制造机器。为了测量太空的广袤距离，科学家们以光年为单位。

我向一位纳米技术领域的教授请教道：“你们用什么单位来衡量纳米空间那小到匪夷所思的距离？”他回答说：“用纳米，也就是1米的10亿分之一。”我想，人们几乎无法理解这一距离到底会小到什么程度。在数学上，这是$10^{-9}$米或0.000 000 001米。那么，这对我们理解它有什么帮助吗？

概念我倒是明白，但无法想象。我问："大致有多长呢？"教授想了一会儿说："1 纳米差不多就是 1 秒钟男人胡须生长的长度吧。"虽然我从来没想过胡须在 1 秒钟里会发生什么变化，但它们肯定有变化，它们要用一整天时间才能长出大约 1 毫米来，而且也不是瞬间长出来的；另外，它们可不是每天早晨 8 点钟准时在你脸上跳出来的。胡须是缓缓生长的，我们的语言反映了这一点，所以我们不会说"快如胡须"或"速如长髯"。现在，我们可以用一种新方式来理解它们生长得有多么慢了：1 秒钟大约会长 1 纳米。

1 纳米确实非常短，但它还不算最短。如果我们有了 1 纳米，就可以有半纳米。事实上，还有皮米（picometer），即 1 纳米的千分之一；阿米（attometer），即 1 纳米的百万分之一；费米（femtometer），即 1 纳米的 10 亿分之一（1 米的 10 亿分之一的 10 亿分之一）。也就是说，这就相当于你的胡子还留着胡子，胡子的胡子还留着胡子……

1995 年，哈罗德 · 克罗托（Harold Kroto）荣获诺贝尔化学奖。[①] 他与其他工作人员共同发现了碳的第三种形式，一种名为 C60 分子的纳米碳球，也称富勒烯或巴克球（借用了美国建筑师巴克明斯特 · 富勒的名字）。富勒在建筑物上广泛使用了类似 C60 分子球的几何结构。C60 很特殊：它比钢的强度高 100 倍，重量则是钢的 1/10，与金属一样具有导电性。这一发现引发了工程、航空航天、医药和其他许多领域的一大波研究热潮。如果能够批量生产 C60，那就有可能制造出比现在大 20 倍甚至 50 倍的飞机，但重量却更轻，且更省油。到那时，建筑物可以高耸入云，直穿过大气层；桥梁可以横跨大峡谷；机动车和火车也可以变得更轻，并可以利用太阳能获得更高的燃油经济性。

① 此处原书疑有误，哈罗德 · 克罗托于 1996 年荣获诺贝尔化学奖。——编者注

从理论上讲，纳米技术可以让人们从原子层面上创造任何物质。科学家们对这一实际可能性展开了推测，而其他人则在思考它将带来的政治和经济后果。全球未来研究院（Institute for Global Futures）的资深研究员查尔斯·奥斯特曼（Charles Ostman）指出："如今，世界的权力和影响力以对自然与工业资源的控制为基础。一旦纳米技术让人能够廉价而轻松地合成任何物质，现行的经济体系就会过时。我已很难想象比纳米技术应用更广泛的领域了。"

不管这些可能性是否会变为现实，纳米技术在各个工程和医药领域都有望带来大幅度的创新。它可以被用来"进行分子计算，制造可以改变形状的合金，合成有机化合物，定制基因结构，开发超小型机械"。医学上，有人提议将仅有人类发丝般细小、带旋转刀片的纳米机器植入人类的静脉和动脉，让它清理胆固醇和斑块沉积。在奥斯特曼看来，说到其他医疗应用方面，"纳米技术意味着它可以修正人类躯体几乎任何器官的细胞的化学性以治疗疾病，或提供增强的感官和心智能力，这些前景简直超乎我们的想象"。现今，人工种植的皮肤已经被生产出来，而且很多地方在开展有关有机人造心脏的研究。

纳米技术还将催生超小型计算机系统，从而进一步彻底改变我们使用计算机的方式。在不久的将来，计算机会变得又小、又灵活，甚至可以穿在身上，依靠皮肤表面的生物电供能。到那时，问题就会变成怎么处理显示器了：你肯定不希望手腕上缠着一层薄薄的微处理器，胸口上却绑着硕大的显示器吧？办法之一是，在眼镜框上用低级别的激光视网膜投影器，把显示内容直接投射到眼睛里。先进的飞行系统已经最先应用这种技术了：飞行员可以从护目镜内侧看到导航图，能够通过双眼的移动，改变飞机的航向。不过，但愿他们别在敌对空域中打喷嚏。

为了更方便日常使用，计算机也可以被织进衣物里：衬衫里可以装入监控心跳及其他生命体征的传感器，健康状况严重不佳的信号可以直接发送给医生；智能鞋子也可以利用走动获得足够的能量，为穿戴式计算机供电。另一些创新则会很快取代传统键盘。完全依靠思想力量控制的接口已经出现了；用来监测脑电波、再把脑电波直接转换成指示的头戴式耳机也被设计出来了。而这才仅仅是个开始而已，因为上述设备全都是在用户身体之外运行的。过不了多久，信息技术说不定会在我们的身体内运行，甚至进入我们的大脑。在不久的将来，计算机有可能会与我们的意识和思想进行融合。

## 人工智能

信息系统、材料科学和神经学研究领域最具革命意义的研究来自它们的交叉融合。现在，我们可以设想以大脑神经处理系统为模型的信息技术了。新一代计算机可能不是基于数字代码和硅，而是建立在有机过程上：可以模仿人类思维的计算机。

我最近与某家顶尖计算机公司的一位高级技术人员聊了会儿天。他说："眼下地球上最强大的计算机的智力水平也不过就如一只蟋蟀而已。"我无法探究他所说内容的真假，他自然也无从得知。我不认识某只蟋蟀，就算认识，也无法判断它们脑子的状况。但他的观点是，哪怕最强大的超级计算机也仍然只是无意识的计算"机器"。它们可以执行人类完成不了的任务，却不会对自己所做的事情产生任何观点。从"思考"的任何定义上看，它们都不是在思考。同样，飞机能飞翔在约 12 000 米的高空，比我们强得多，但若要问它们对此有何感受，可谓毫无意义。它们没有感受。但是，所有这一切都在变化。

在可预见的将来，最强大的计算机大概能具备相当于 6 个月大的人类婴儿的大脑处理能力。从某种意义上来说，计算机说不定很快就会产生意识。再过不了多久，我们就有可能买到一台跟成年人类大脑处理能力相当的廉价个人计算机。使用一台与自己同样聪明的计算机，那会是怎样的情形？它或许不如你那么有魅力，不如你那么擅长交际，却会跟你一样聪明。比如，你可能会向这台计算机下达指令，而它则会犹豫一下说："你有没有想清楚呀？我觉得你没想清楚。"到 2030 年，个人计算机将具备相当于 1 000 个成年人大脑的处理能力。

如今，人们将能进行深度大脑刺激的神经植入物用以对抗由帕金森病和多发性硬化症所造成的颤抖。我们还拥有了可供植入的人工耳蜗，以使有听觉障碍者恢复听力。视网膜植入物能够恢复部分视觉感知，辅助眼睛里受损的光感细胞。神经植入物和"聪明药"能够改善我们的整体感官体验，包括我们的记忆和推理能力。因此，在未来，如果你有一场很重要的考试要考，说不定可以额外买 80MB 的内存植入大脑中。甚至，未来还有可能会出现语言植入技术。这样一来，你就不用花 5 年时间去学习法文了，而是赶紧把它植入大脑，就可以去法国度假了。这种时髦的植入物，说不定只需要你多花上几美元就能拥有。

雷·库兹韦尔认为，"到 21 世纪的第 30 年，我们便可以创建'人类大脑计算相关功能'图谱，我们还能在高级的神经计算机里重新改进这些设计"，人类世界的机器也将获得各种躯体，"从虚拟现实里的虚拟身体到由成群纳米机器人构成的躯体"。目前，很多实验室都开发出了能够走路、带有栩栩如生的面部表情的人形机器人。到 21 世纪末，"加速回报定律（Law of Accelerating Returns）将会告诉我们，地球中创造技术的物种，也就是我们，会与自己所发明的技术相融合。当这一幕出现时，我们或许会问：凭借神经植入物提高了百万倍能力的人类大脑，与通过对人类大脑进行逆向工程开发、随后又增强扩大的非生物智能相比，有什么区别”？

> Out of Our Minds
>
> 进化过程之所以会加速，是因为它为进一步进化提供了手段。

库兹韦尔指出：“进化过程之所以会加速，是因为它为进一步进化提供了手段……我们现在为计算机创造的智能，很快就会超过我们自身的智能。”奥斯特曼猜想，未来“机器会表现出全方位的人类智能、情感和技能，从音乐到对其他物理运动的创造性态度”。这样的话，“有关生命终结、另一种有待定义物种开始的哲学问题，很快就会变得模糊起来，而目前定义的智能本质也会变得模糊不清”。

这听起来似乎颇为牵强，但如果20年前有人告诉你，你能拿着一部小小的无线电话坐在海滩上，在线浏览美国国会图书馆，发送即时邮件，下载音乐和视频，安排假期，安排按揭贷款，检查胆固醇，你肯定也会觉得他很荒谬。现在，我们却把这一切视为理所当然。如果你能回到过去，把iPhone手机拿给你的曾祖父看，他们恐怕会认为你是电影《星际迷航》里的柯克船长。可见，在昨天看来超乎想象的事情在今天看来却是家常便饭，那明天的一切又会怎样？嗨，等着瞧吧！

## 人口的增长

技术变革是社会变革的动力。但还有另外一种动力：地球上的人口数量及其变化模式。这里，我们再一次看到了指数级的变化曲线。

第一次工业革命之初，也就是18世纪中叶，地球上仅有10亿人口。1930年，这一数字达到了20亿。也就是说，地球人口总数用了18世纪之前的整个历史才达到第一个10亿，但仅用了130年就达到了第二个10亿。又过了30年，即1960年，第三个10亿实现了；到达第四个10亿用了14年，出现在1974年；第五个10亿用了13年，是在1987年。到1999年12月，世界人口又增长了10亿，达到了60亿，实现了有史以来的最快增长。2017年，全球人口达到了75亿。据联合国估计，世界人口将在2050年接近100亿。

关键不仅在于人口规模，还在于它的变化方式：人口不仅在快速增长，同时还在变得越来越城市化。1800年，绝大多数人住在农村，只有5%的人生活在城市；1900年，城市人口比例上升到了12%；2000年，地球上60亿人里几乎有50%生活在城市；据估计，到2050年，将有超过60%的人口住在城市里。我们这里所说的“城市”可不是像“美国梦”里那种草坪修剪得整整齐齐、管理得秩序井然的小城。相反，大多数会是不断蔓延的特大城市，即拥有2 000万以上人口的大都会。这些数字令人望而生畏。据估计，到2050年，拥有100万以上人口的城市会达到500个，拥有500万人口的特大城市会有50多个。如今，东京已经有3 800万人口了，相当于加拿大的人口总数。

与此同时，世界还会出现重心上的转移。最明显的人口增长将不会出现在西欧、北美等老牌工业经济体中，而是来自南美、中东和亚洲等新兴经济体。目前，发展中国家的人口总数每年会新增8 400万；而发达国家则仅新增150万，其人口预计在21世纪会保持相对稳定。中国是全世界人口最多的国家，总人口约为14亿。如果不考虑移民的话，它的人口总数每年会增加 1%。不过，考虑到中国 2015 年已经终止了独生子女政策，它的人口增长速度是注定会加快的。

从目前来看，印度的总人口已经超过 13 亿，而且年均增长率高达 2%，所以，到 21 世纪中叶，印度可能会超过中国，成为世界上人口最多的国家。在一些国家，包括部分新兴经济体，几乎一半的人口在 25 岁以下。相反，另一些国家，尤其是老牌工业国，其人口则趋于老龄化。许多发达国家的人口增长非常缓慢，甚至出现了负增长，这是由死亡率高于出生率所导致的。如今有 20 多个国家的情况是这样，包括俄罗斯、日本、德国、拉脱维亚、奥地利和意大利。在一些国家，移民是唯一的人口增长源。美国人口总数位居世界第三，现为 3.24 亿，到 2050 年有望达到 4.22 亿。2015 年，美国国内共出生了 400 万名婴儿，达到了 1909 年以来的最低生育率。美国的人口增长主要来自中美和南美移民。

随着时间的推移，世界人口在数量和分布上的巨大变化将给自然资源造成巨大压力，尤其是水资源、食品供应和生产、能源、空气与环境质量。我们面临着来自潜在流行病和新型疾病的更大威胁。这些会给经济活动和贸易结构带来深远影响。而且，如果过去能为今天和未来提供部分指导的话，我们还将面临文化冲突和短视所带来的持久威胁。

为了应对人口的这些巨大变化，我们应以全新的方式保护自然资源，采用全新的技术生产能源，依靠可持续的全新方法生产食物、预防和治疗疾病。与其他各领域一样，创新在这些方面同样至关重要。

## 历史告诉未来：预测越来越难

1939 年 4 月 30 日星期日，美国总统富兰克林 · 罗斯福在纽约市皇后区法拉盛 20 多万名观众面前，登上了讲台。他这么做的时候，一台不同寻常的录像机对准了他。那天，罗斯福的任务是为 1939 年纽约世博会主持开幕式。

纽约世博会的主题是“建设明天的世界”，该活动在 1939 年和 1940 年分别举办了两季，共吸引了 4 500 万名观众。在数百个展馆中，美国无线电公司（RCA）生产的电视机毫无疑问地受到了瞩目。该展馆展示了世界上第一套商业化电视系统。罗斯福那天的演讲，成了第一次进行电视转播的总统演讲。除了在场的观众外，1 000 多名聚集在纽约各大建筑物里的数百台电视机前的观众观看了这场演讲。世博会正式开幕的 10 天之前，RCA 总裁大卫 · 沙诺夫（David Sarnoff）为 RCA 的展馆做了一次专场演说，他认为电视系统将拉开新时代广播方式的帷幕。展馆吸引了许多人的关注，但不是所有人都相信这种新型媒体将会成为主流。

报道该活动的一篇报纸文章断言，电视机将永远不可能成为收音机的有力竞争者。因为在收听收音机时，你还可以做些其他事情。文章认为，要看电视的话，人们必须坐下来，紧紧盯着屏幕。而事实证明，这正是整套电视系统吸引人的地方。不管怎么说，在那篇文章的作者眼里，事实很清楚，普通美国家庭根本没时间这么做。好吧，他们还真找到了时间。平均而言，美国家庭每个星期会从繁忙的日程里挤出 25 个小时坐下来，紧紧盯着电视屏幕。这篇报道对电视机的评估出了错，是因为它的判断依据是当时的文化价值观，但彼时的文化价值观并不能作为预测未来的合适出发点。事实上，电视机并不是挤进了现有的美国文化当中，而是彻底改变了美国文化。电视机诞生之后，世界变得大不相同了。事实证明，电视机是一种革命性技术，与印刷机、蒸汽机、电力系统和汽车等“先导者”具有同等地位。

想要预测人类的未来是完全不可能的。技术革命造就了太多的局势动荡，所以我们哪怕想提前一点描绘它们也是难上加难的事情。以技术的影响为例，革命性技术的影响难以预测，原因就出在“革命性”上。要理解在今天预测未来的难度，我们只需想一想在过去预测今天有多难就可以了。

## 印刷机的影响

在 1450 年的德国美因茨镇，当约翰内斯 · 古登堡努力想为自己发明的印刷机解决技术难题时，我猜他并没有预料到印刷术将会给世界带来的巨大影响。古登堡是个训练有素的金匠，他结合了当时的技术，做了一些优化，最终设计出了一套速度快、适应性强、效率高的商业印刷系统。这一系统让人们有史以来第一次得以批量复制文件，并在整个欧洲，进而在整个世界进行传播。他的印刷术改变了一切。古登堡的印刷系统为所有人打开了思想世界的大门，让人们对知识和文学产生了前所未有的欲望：这一“贪得无厌”的好胃口将给政治、宗教和文化带来翻天覆地的改变，进而重塑整个世界。

到 1500 年，全欧洲的印刷机都轰轰烈烈地运转了起来，并印刷出了数百万份文件，其中包括各种小册子、各种主题的书籍和包含前因后果的各种宗教、政治和哲学观点，关于这些我将在后文中进行详细讨论。16 世纪，英国哲学家和政治家弗朗西斯 · 培根爵士提出了科学方法的基本原则。欧洲的印刷术为人类世界带来了众多的观点和无穷的智慧，改变了培根所处的世界。在生命即将结束时，培根评论说，古登堡发明的印刷术所带来的进步“改变了整个世界的面貌和全世界事物的状态”。

## 汽车改变世界

内燃机的出现比古登堡的第一台印刷机晚了400年，但它的潜力最初也同样被人们低估了。许多人都觉得它是有趣的创新、很吸引人，却看不出它怎么会取代马匹和马车：后者不是挺适合载着人四处走动吗？一个对汽车特别好奇的人在运输工具发展史上留下了一段不幸的故事，她名叫布里吉特·德里斯科尔（Bridget Driscoll），是第一个丧生于车祸的受害者。

1896年8月17日，当时44岁的布里吉特正带着十几岁的女儿参观在伦敦市水晶宫中举办的一场展览。展览内容包括试驾Anglo-French汽车运输公司的汽车。当布里吉特夫人穿过展厅时，一辆车撞上了她，她不治身亡。因为这起案件很不寻常，所以只能呈交死因裁判法庭发落。在法庭上，陪审团听到了证人们对事故现场的各种矛盾叙述，连在对汽车实际速度的评估方面，大家的意见都各不相同。一名目击证人说，车辆“速度飞快，就像消防车似的”；驾驶员亚瑟·詹姆斯·埃兹尔（Arthur James Edsall）则否认了这一说法：“车辆当时的时速仅为6公里。”车上的乘客爱丽丝·斯坦汀（Alice Standing）则说：“发动机被改造过，行驶速度比每小时6公里要快。”不过，专家证人在对车辆进行检查后否认了这一点。

经过6个小时的争论，陪审团判决此案为意外死亡。验尸官珀西·莫里森（Percy Morrison）在结案陈词中反思了这起惨剧，并说他希望“这类事情绝不要再发生”。事实上，这样的事情一次又一次地发生了。20世纪，有6 000多万人在与机动车相关的事故中丧生。与印刷机一样，汽车以发明者从未预见到的方式改变了整个世界。

## 建立连接

在我们所处的时代，数字文化与上述早前出现的技术一样，深刻地改变着世界。日积月累，这些影响变得越来越大。激进的创新往往能彼此相互作用，让使用者产生完全不同的行为模式。1990 年，蒂姆·伯纳斯 - 李（Tim Berners-Lee）为万维网设计最初的软件时，他的目标不过是便于学者们互相传送与研究彼此的论文。他不可能预见到互联网和社交媒体的病毒式发展，更无从料想到它们在文化和商业上的重大影响。可见，互联网发展不单单会受到技术创新的驱动，更会为成千上万用户无尽的想象力和欲望所推动。反过来，这又推动了技术的进一步创新。

## 老工人的新工作

我们无法预测未来，但对有些事情却可以做到心知肚明。其中之一是，对很多人来说，工作性质会继续发生改变。我们的下一代不仅会换若干次工作，甚至还可能会转换若干次事业发展方向。不到一代人的时间，成千上万人的工作性质就会发生根本性变化，由此也会深刻改变世界经济的结构。在我成长的 20 世纪五六十年代，大多数人从事的是体力劳动，穿的是连体工作服，只有少数人能穿着西装坐在办公室里工作。可尤其是在过去 30 年里，天平从工业化的体力劳动这种传统形式倾斜到了基于信息技术、提供服务的工作上。过去，占主导地位的全球性企业多半来自制造业和石油行业；但今天的许多重点企业则来自通信、信息、娱乐、科学和技术领域。

思科公司的主要业务是为互联网提供网络设备。2000 年 11 月，它的市值达到了 4 000 亿美元，也就是说，思科超过了当时全世界的汽车公司、钢铁厂商、电解铝企业和飞机制造商的总市值。这仅仅是个开始。2017 年，

《财富》500强企业里最顶尖的10家企业，有5家（包括最靠前的3家）是科技公司。市值最高的是苹果公司，达到了7 250亿美元；紧随其后的是Alphabet，由谷歌创建，旨在改变原有公司架构，让当下主要业务和长期投资项目间的区别更加清晰，市值为5 070亿美元；微软为3 260亿美元。榜单的第5名是Facebook，市值3 210亿美元，亚马逊公司以2 500亿美元排第7名。到了2027年，《财富》500强榜单（假设这份榜单还存在的话）会是什么样呢？我们无从预测。

20世纪80年代，电子商务和网络贸易颠覆了历史悠久的传统交易方式。金融市场的计算机化和全球经济的同步化则彻底改变了包括银行、保险公司、券商和经纪人在内的金融服务主体。自1988年所谓的“伦敦大爆炸”（Big Bang in London）以来，跨国公司就吞噬了较小的传统银行，传统零售商也开始提供相关的金融服务，而银行则成了保险和抵押贷款业的经纪人。自2000年开始，金融服务历经连续5年的火热扩张以及2008年的惨烈崩溃，这进一步说明：人类事务的发展路线，不管是在商界还是在其他领域，都经常会与预测相悖，并让人的信念落空。

## 找点子

在过去的30年中，世界经济涌现出了一股全新的强大势力。人们一般称之为知识产权业，有时也叫创意产业，它包括广告、建筑、艺术和古玩、工艺、设计、时装、电影、休闲软件、音乐、表演艺术、出版、软件与计算机服务、电视和广播等。如果算上科学和技术领域的专利，如医药、电子、生物技术、信息系统等，知识产权领域就会变得更为重要。所有这些技术都以科学和工程学的重大进步为基础。创意产业属于劳动密集型产业，建立在许多不同类型的专业技能的基础上。比如说，电视和电影制作会吸引大量专业人士：演员、编剧、摄像师、音响师、灯光师、化妆师、设计师、编辑和后期制作人员。随着这一领域创造的经济效益越来越大，它的就业基础也在日益扩大。不仅欧美如此，亚洲亦然。

### 新工作的老工人

综观世界各国，企业和教育系统都面临着一道新的鸿沟。尽管全球总人口一直在增加，但各代人之间却有着明显的差异。随着医疗保健制度的完善和预期寿命的提高，婴儿潮一代在人数比例上仍然占多数，而且活力充沛。以英国为例：到 2020 年，50 岁以上的人口将增加 200 万；同时，50 岁以下的人口则会下降 200 万。雇主若是按照传统寻找年轻劳动力，则恐怕会发现这一源泉已面临枯竭。幸运的是，50 岁以上的人和几代以前已经大不相同了：以美国为例，他们掌握着全美 80% 的财富，健康状况颇佳，而且比背负着沉重房贷、还要养活未成年子女的中生代家长更愿意迎接新挑战、适应新的工作方式。所以，他们将成为新经济体下的高效率工人。正如一项研究所指出的："出生率下降意味着，如果雇主希望雇用到需要的知识工人，就必须变得更有创意。也就是说，他们应放弃年龄歧视。"

## 我们的工作更清闲了吗？

迄今为止，人们早就忘记了数字技术"节省劳动力、让社会变得更清闲"的说法。我认识的大多数人，都比 10 年前工作得更卖力，劳动时间更长，而且，工作的截止期限还变得更短了。跨时区沟通的能力意味着你到了睡觉时间，别人却才刚开始一天的工作，而且还想和你保持联系。除了每天涌来的无数电子邮件，智能手机或平板电脑上的短消息、即时通信软件、电话和通知也在响个不停、跳个不停。一家大型石油公司的高级管理人员告诉我，过去，圣诞节前的松散期是从12月中旬开始的，到1月中旬说不定才会结束。而现在，就算是在圣诞周，人们也要定期开会，而新年的第一个星期企业就会回到正常的运营速度。他说："现在的生活水平比我刚工作的时候提高了许多，但生活质量却降低了。"与此同时，许多人还根本没有工作。这是另外一个话题，我将在后文中详述。

此外，前所未有的新闻与信息泛滥也席卷了整个世界。毫无疑问，人们面临着与时代同步的持续性压力。英国的一位著名记者回忆了自己在广播新闻业的早期经历。20世纪30年代，他加入了英国广播公司，那时还没有定期的新闻公告。上班的第一个星期，他刚好遇上了一份新闻公告的录制，所以他去了录音棚。主持人坐在麦克风前，等着时间指示器倒数完毕。接着，他郑重地宣布："这里是伦敦英国广播公司内部维护时段，现在是一点钟，还没有任何消息。"在当时的人们看来，一条消息必须有正当的理由才会被广播。对比一下如今每天24小时多个频道、多种媒体不间断播报新闻的现状可以发现，今时今日世界上发生的事情并不比20世纪30年代更多，只不过是因为现在我们有了一个穷凶极恶的新闻业罢了：为了滋养自己的利润线，它片刻不停地生产新闻和观点。所有这一切都增加了贯穿21世纪文化的整体危机感。

## "未来的冲击"

1970年，未来学大师阿尔文·托夫勒（Alvin Toffler）出版了一部轰动世界的作品《未来的冲击》（*Future Shock*）。心理学家们早就熟知文化冲击的概念：如果人们置身于一个正常的参考点，包括语言、价值观、饮食、服饰、社会礼仪等全都消失的环境中，就会出现文化冲击。政治和经济移民搬到新国家之后可能会体验到这种状况。这种经历有可能会给人带来强烈的迷失感，极端情况下甚至会让人患上精神疾病。托夫勒认为，技术会使社会迅速发生变化，也会为之带来类似的全球性现象。他提出，太快被推入陌生的未来，有可能会给人造成同样的创伤效应。这个问题并不出自变化本身，而是出自变化的速度和规模。

在这个时代，我们释放出了一股全新的社会力量，“一股加速的变革激流，它影响着我们的时间感，彻底改变了我们日常生活的节奏以及我们感知周遭世界的方式。从此，我们不再像过去那样感知生活。正是这一终极差异，使真正的当代人有别于所有其他时代的人”。托夫勒相信，这种加速来自“渗透我们意识的无常性和短暂性，从根本上影响了我们与其他人、其他事物的关系，以及我们与观念、艺术和价值观这整个领域的关系”。有趣的是，当 20 世纪 70 年代托夫勒构思社会变化速度观的时候，个人计算机还未普及，互联网更是没影儿的事。你肯定不相信，他是在一台手动打字机上写出《未来的冲击》的。

## 用创造力迎接未来

21 世纪，人类面临着由技术革命带来的一系列最艰巨的挑战。我们的最佳资源就是，培养我们独特的想象力、创造力和创新能力。对这些能力不进行充分的投资就去迎接未来，将是我们所面临的最大危险。而培养这些能力，各地的教育和培训机构就应该发挥重要作用了。教育是未来的关键，这里押下的筹码可是高得不能再高了。1934年,瑞士心理学家让·皮亚杰说:“只有教育能够将我们的社会从崩溃中拯救出来，不管这一崩溃是突然降临的还是缓慢而来的。”历史上有许多相似的例子。人类在地球上存在的时间相对较短，而在这个过程中，社会和整个文明体系经历了兴衰起落。我们现有的文明不只建立在前人的成就上，也建立在他们的废墟上。具有远见卓识的小说家威尔斯更直白地重复了皮亚杰的观点，他说:“文明是教育和灾难之间的一场竞赛。”所有证据都证实了他和皮亚杰的观点。

如今，学校里的年轻人发现自己承受着远比我们那一代人更大的学习压力。除此之外，学生们还肩负着另外一种压力：要表现得尽量悠闲。

OUT OF OUR MINDS

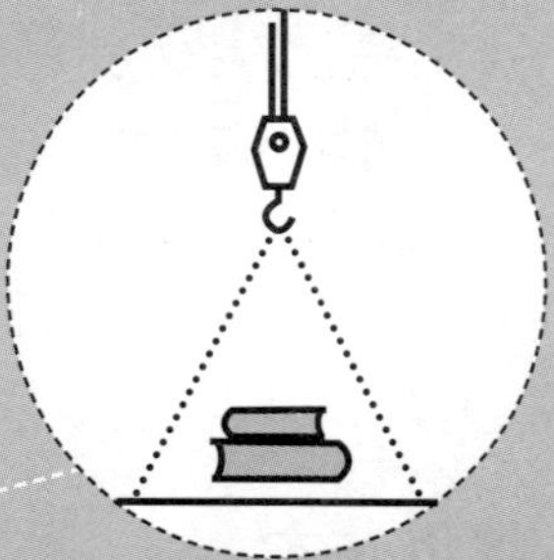

# 02 教育的困境

The Power of Being Creative

Out of Our Minds

目前的教育体制不是为了迎合当今挑战而设计的，而是为了满足上一时代的需求而发展出来的。然而，仅有改革是不够的，它还需要进行彻底的转型。

## 错误的方向：培养更多高学历人才

我于 1968 年开始上大学，1972 年毕业。那时候，我可不是现在这样子。我才不像你在网站上看到的那般圆滑世故。我当时沉迷于齐柏林飞船（Led Zeppelin）一类的重金属摇滚乐队，至少在外形上，我走的是乐队主唱罗伯特·普兰特（Robert Plant）的路线：留着及肩长发，穿着牛仔裤和做旧的野战夹克，对姑娘们有着近乎危险的吸引力。这就是我给别人留下的印象。当时我 22 岁，正在计划未来。我应该去找份工作吗？不，暂时不，我还没那么着急。当时的大学毕业生几乎都能找到一份体面的工作，什么专业都无所谓。即使是古斯堪的纳维亚语专业（很多时候真的是呢），很多雇主都会抢着要他们。“你就说你的海盗语好了，”他们会说，“没关系，来我的工厂做管理吧，你的脑袋肯定特别好使！”

我毕业那个时候，如果你有学位却没有工作，那大概是因为你还不想就业。我那时就不想就业，而是想“寻找自我”。如果在20世纪70年代，你就可以这么做。于是，我决定到有可能“找到自我”的印度去，结果没有去成，反而去了伦敦（说句公道话，伦敦有不少印度餐厅呢）。但我知道，只要我想找工作就能找得到，而且会很快。大学学位就是一本通往好工作的就业“护照”。如今，大学毕业生再没有了就业保障，找到工作的人也不期待在同一家公司干太长时间，甚至不指望公司能存在很长时间。

获得学历有许多很充分的理由，这个过程本身是就有价值的，而且还能让学生了解优秀的课程。但学历同时也是一种货币：它们在职场上与就业或高等教育存在着某种兑换率。与所有的货币一样，学历的价值会根据市场情况以及流通量而有所起伏。大学学历在过去的职场中价值很高，一部分原因就在于拥有者相对较少。如今，随着人口数量的增长以及专业性和行政性工作岗位的发展，大学的数量达到了一个前所未有的数值。在20世纪70年代，老牌工业化国家里大约有1/20的人上过大学。现在，我们的目标是将之提升至1/3，而且很快就会上涨到1/2。于是，学历在职场中的价值必然暴跌。所以，我们若想领先于别人，就需获得更高的学历。同样，原来只需要学士学位的岗位，现在则要求硕士学位，甚至是博士学位。

## OUT OF OUR MINDS “良好的博士学位”

几年前，我加入了一所大学的职位评审团。我问评审团的主席，我们需要什么样的候选人。他提到了这份工作所必需的各种素质和资历，接着说：“我想我们还得找个有良好博士学位的人。”我问：“一个什么？”他说：“一个良好的博士学位。”“什么意思？”我问，“难道还有不好的博士学位吗？”原来，他的意思是说，要找从名牌大学毕业的博士。在过去，如果你有博士学位，简直就是凤毛麟角般的人物，所有博士都受人崇拜。而研究生则会被关在单间里输血（冷落），人们还会把孩子们带进来看你，并对自己的孩子说，如果只顾着闷头学习，就会变成这个样子。现在，我们越来越挑剔，我们希望申请者能拥有良好的博士学位。那么，要求接下来会变成什么？诺贝尔奖吗？总有一天，我们是不是会看到诺贝尔奖获得者跑来申请文员工作，而面试官却说：“很好，你得过诺贝尔奖，很棒。那么，你可以操作 Excel 吗？我们需要有人来处理工资表。”

我们当下的如意算盘是，通过扩大教育范围、提高教育水平，一切都会好起来。等到所有人都获得了博士学位，市场就业率就会恢复。但是，这一幕永远不会出现。随着“货币汇率”的下降，市场会重新配置，雇主会转而寻找其他东西，他们现在就是这么做的。所以，问题不在于学术水平的下降，而在于现行教育系统的根基正在我们脚下发生变化。

## 工业化和学院化，教育的两大支柱

现在，我们想当然地认为政府应该建立起大众教育系统：大众教育系统的运作资金应该来自国库；所有的年轻人都应该上学，直至年满 16 周岁；在年轻人中，大学生的比例应该得到相当大的提升。虽然这些看法如今显得平凡无奇，但其实却是近代才出现的。直到 19 世纪 60 年代，欧洲各国和美国的许多州才开始建立大规模的公共教育制度。每个国家的教育史都是一幅错综复杂的织锦：既基于实际的经济需要，又有个人的慈善情怀；它包括了不同的社会改革运动，还有大相径庭的哲学信念。当然，其中也有一些共同的驱动力。

在许多国家，19 世纪的工业化普及从根本上改变了劳动力的面貌，创造了全新的社会结构。前工业社会以旧贵族和教会的利益为主，他们统治着绝大多数的农村贫困人口，而后者则基本上是文盲。19 世纪 60 年代之前，欧洲人绝大多数都不识字。只有普鲁士、德国北部的其他几个州和斯堪的纳维亚王国可以吹嘘自己的居民识字率较高。工业化的兴起造就了庞大的财富新源泉，也造就了全新的社会力量：富人和志向高远的中产阶级。

教育被视为社会进步和推动经济发展的重要途径。教育也是促成经济长期繁荣的重要条件。公共教育体系的发展是围绕中产阶级的利益而形成的，他们的雄心不仅是为了自己，更是为了自己出力创造的工业化社会。工业化为大众教育系统提供了足以负担它的财政来源。

随着数以百万计的工人从农村迁入城市，助燃工厂和造船厂的工业化之火熊熊燃烧之时，第三种社会群体开始形成：城市工人阶级。对大众教育系统的一些先驱者来说，学校是提高工人阶级诉求、帮助他们摆脱贫困和绝望的一条道路。而另一些人则认为，教育是倡导健康民主核心价值观的最佳途径。在美国，霍瑞斯·曼（Horace Mann）认为，全民教育是对宪法原则的自然实现；也有人认为，大众教育是向工人阶级灌输工业生产必要习惯和纪律的最佳方式。

出于上述种种原因，从 19 世纪 60 年代末到 80 年代，由国家支持或指导的小学教育系统在整个欧洲遍地开花：匈牙利在 1868 年创建了这种系统；

奥地利在 1869 年；英格兰在 1870 年；瑞士在 1874 年；荷兰在 1876 年；意大利在 1877 年；比利时在 1879 年。按杰拉尔德·古特克（Gerald Gutek）的说法，到美国南北战争时，“美国的公学运动已经实现了自己的目标：大部分州都建立起了普及度较广的小学系统。1865 年后，南部各州也建立了学校。随着各个新的州加入联邦，它们也都建立起了公立小学系统”。

一些怀疑论者认为，对工人阶级的孩子进行教育是在浪费公共资源：这些孩子“朽木不可雕”，无法从教育中受益。他们错了。还有些人担心由此带来的社会和政治后果：向工人阶级提供教育会让他们产生高于自己身份的观念，引发社会革命。在这一点上，他们说对了！

从一开始，欧洲和北美的教育系统就是为满足工业化经济的劳动力需求而设计的，主要是制造、工程及建筑、采矿及钢铁生产等相关行业。从广义上讲，在工业化所需要的劳动力中，80% 是体力劳动者，20% 是行政和专业人士。这一要求对公共教育系统的结构产生了深远的影响。在通常情况下，教育模式就像一座金字塔，下面是庞大的基础教育，上面是逐级收窄的高等教育。绝大多数孩子都会接受小学教育，但只有少数人（绝对数量仍很可观）会继续上中学。大多数年轻人到 16 岁就完成了全日制教育，开始参加工作；另外一小部分则继续接受高等教育。成绩好的学生上综合性大学，而其他人则进入职业学校或理工学院。

在欧洲，高中一般会被分为几种不同的类型：针对少数表现出学业潜力的学生设计的学术型高中；针对大多数没有这种潜力的学生设计的实用型或以技术为导向的学校。尽管美国的教育政策强调每一种学校都各有价值，但面向大学的学术型高中及其学生都有着较高的地位。这倒不是说只有一小部分人才能上大学：只不过，上大学的名额供给会受劳动力市场的需求的限制。

随着这些需求的变化，高等教育的就读机会也增加了。在美国和欧洲，高等教育的扩张始于20世纪60年代，部分原因是为了配合第二次世界大战结束后婴儿潮一代的人口爆发。随着知识经济带来的蓬勃需求，这一趋势也在发展。在英国，国家教育从一开始，其学术型“语法”学校的扩张就与主要工业中心城市新大学的成立齐头并进。1954—1966年，有资格进入大学的中学毕业生人数，从24 000人增加到66 000人。20世纪60年代，英国创办了23所新大学，以满足婴儿潮一代的需求，最后还成立了开放性大学，以远程学习的方式为所有人提供上大学的机会。英国2/3的大学都成立于1960年以后，而理工学院也获得了大学地位。

在过去40年里，能进入大学深造的年轻人数量从20%提升到近50%。到底是什么事情使年轻人的知识能力出现了如此明显的提升？是因为水里加入了氟化物，还是因为有机农业的兴起？事实是，大多数年轻人都具备进行高等学术研究的能力；只不过，以前的市场可并不需要这么多的大学生。

## 教育文化

工业化的兴起不仅影响了大众教育体系的结构，还影响了它的组织文化。与工厂一样，学校是与外部世界分隔开来的特殊设施，它有明确的界线：它有固定的开放时间和学生规范；它以标准化和一致性原则为基础。学术系统内的学生一般会按相同的教材学习，根据同一套成绩标准被考核。他们没有选择，所以出现偏差的机会相对较少。在通常情况下，年龄是学生们分班与升级的标准：所有 5 岁的孩子在一起，所有 6 岁的孩子在一起，等等。这仿佛在说孩子们最重要的共同点就是他们的“出厂日期”似的。在高中，每一天都按标准的时间单位来管理，铃声就代表一个单位的开始和结束。教学建立在劳动分工之上。就像流水线一样，学生们会从一个教室走进另一个教室，由不同的教师教授不同的科目。教育系统同时也按照线性制造原理来操作：整个过程有着不同的阶段，每个阶段都按照逻辑建立在前一阶段上；整体效果可以被理性、可靠地预测。按照它的设想，如果学生们按照规定的方式完成了整个学业，尤其是完成了大学学业的话，那么就能达到教育层级的最顶端。之后，不管世界抛给他们什么难题，他们都能应对自如。

这类系统的原始结构，在当今运行的许多学校体系里仍依稀可见。我刚搬到洛杉矶时，在一篇名为《大学从幼儿园开始》（*College Begins in Kindergarten*）的教育论文里，看到了线性原则的突出案例。关于线性教育这个话题，我有很多内容可以谈，但在这里我只想说，大学并不从幼儿园开始，幼儿园才从幼儿园开始。都柏林方舟儿童剧院的导演曾对此做过精彩的点评，他说：“3 岁的孩子不等于 6 岁孩子的一半，6 岁的孩子也不是 12 岁孩子的一半。”3 岁的孩子就是 3 岁的孩子。对大学的迷恋，正从上至下地贯穿整个教育系统，甚至连学前教育也因此变得扭曲起来。在一些中心城市，人们激烈地争夺“优质”幼儿园的入学名额，孩子们还得通过面试才能入园。这些面试的目的是什么呢？难道就是为了寻找婴儿期的证据？

线性原则里充斥着一个观点：归根结底，教育是为人们的未来做准备的。正是由于这个原因，教育仍主要针对儿童和青少年。这一系统有时也被叫作“前载”教育模式，意指你会在人生的开始阶段积累教育资源，然后再随着年龄的增长，逐渐将它们消耗完。我还听说有人叫它“油缸”模式，年轻时，初始教育储备会把你装满，然后它就能帮助你度过整个人生。当然，在实践中，大多数人离开学校的时候都只装了半缸油：它只能满足社会一开始的基本要求，一旦他们用光了油，就无法再跑完全程。一路上的加油站真的很少。

最好别再用机动车来做比喻了。一些政策制定者在谈论教育改革时就像是在整顿汽车行业。他们强调，教育系统必须回归基础，专注于核心业务，勇于面对国际竞争，提高水平，改进工作效率、投资和成本效益回报。两者的不同之处在于，机动车和其他无生命的产品对自己的产生过程根本没有任何意见，而人们却很看重自己的教育经历。他们有感受和意见，有价值观和动机，也有希望和壮志。可见，对人性的忽略，是工业化教育系统中许多问题的根源所在。

教育不仅是为了未来做准备，它还能帮助人们投入当下，也就是说，随着生活的展开，我们未来的样子会取决于我们当下的生活质量。供给关系的线性假设，出于实用性的诉求将许多潜在的宝贵经验给切断了。对于大多数人来说，从教育到职业生涯的过渡从来都不是遵循着线性方向发展的。社会力量和个人冲动的顺流、逆流时刻不断地冲击着我们的生活，各种出乎意料的事件和机遇塑造着我们的生活和工作，只有在我们回顾人生时才能理解。

在“普通教育是按照直线向职场过渡的”这一假设的指导下，学校开始在压力之下优先考虑那些表面看似与经济利益最为相关的科目。据说，社会对科学工作者和技术人员的需求渐长，所以科学和技术就得到了更高的优先级，学校也相应获得了更多资金，反之艺术和人文科目的经费却被削减了。大多数发达国家的教育模式就是这样。我们有充分的理由怀疑这种政策是否最符合年轻人的利益和整个社会的利益；甚至，它到底是不是产生优秀科学工作者和技术人员的最佳途径，也很值得怀疑。不管怎么说，认为教育和经济的关系是一个直线性的供需过程，与生产汽车没有什么两样，是大错特错的！工业系统固然可以强调标准化、机械化和线性化，但人的生命却绝非如此，因为生活是按照完全不同的原则运作的。

## 用处是什么？

欧洲委员会（Council of Europe）是一个政府间组织，总部设在法国斯特拉斯堡，与欧洲的各成员国合作。我曾为欧洲委员会主持过一个项目，部分内容涉及对 22 个国家的教育制度进行调查。这些国家的教育制度有很多不同之处，但也有许多相似之处。在所有的国家里，艺术都位于学校课程的边缘位置：大多数国家的教育制度都在正规课程里纳入了一定的艺术和音乐内容；但很少有涉及戏剧的教学，也很少提供舞蹈课程。美国、加拿大、墨西哥以及中南美洲和亚洲的许多地方也建立了这种制度。事实上，差不多到处都是这样。不管大多数国家想要提高的是什么样的教育水平，似乎都跟艺术没有关系。当然，我是根据自己的求学经历意识到这一点的。

### OUT OF OUR MINDS | 当德文遇上艺术

14 岁时，一位老师告诉我说“你有麻烦了”，还让我去见班主任。问题出在我对接下来两年的课程选择上：我喜欢艺术，很想接着学；但我也想选修德文课。“唉，这真为难，罗宾逊，”班主任说，“我恐怕你是不能同时选艺术和德文了。”我百思不得其解。我看过德国电影，也研究过很多剧照。“不是你想的那样，”他说，“是你不能在这所学校里同时选修艺术课和德文课。它们在课表上有冲突。”我问他该怎么做。“如果我是你，”他说，“我会选德文课。”我问他原因，他回答说：“它会对你的未来产生重大的影响。”我对这说法感到很生气，现在仍然很生气。

如果班主任说德文更有趣，或者我在语言上非常有天赋，再或者它更适合我，我都能理解。但为什么德文就比艺术更有用呢？我知道德文有用，尤其是当我去德国时。语言非常有用，但艺术就没有用吗？难道艺术就毫无用处吗？大多数学校的课程分为了两大类：有用的学科和没用的学科。语文、数学、科学和技术是有用的；历史、地理、艺术、音乐和戏剧则没用。每当教育经费紧张或教育改革发起时，艺术课程就会遭殃。

2001年，美国政府通过了《中小学教育法》（*Elementary and Sec-ondary Education Act*，ESEA），即俗称的《不让一个孩子掉队法案》（*No Child Left Behind Act*）。这一法案旨在提高各学校的学术水平，让教师对学生的成绩负责，以大幅度提高大学入学率，增强美国的经济竞争力。它主要提倡加强语言和数学的标准化考试项目，将对学校划拨的资金与学生的考试成绩挂钩。《不让一个孩子掉队法案》是跨党派合作的结果；它是一些重要人物为了国家的最高利益而提出的，这些人们真是用心良苦，值得钦佩。可在实践中，它基本上没能达到他们最初设定的目标。法案中主张的是一种一切为了考试的填鸭式教学；它鼓励学校采用考试系统，以避免财务和其他方面的处罚。教师和学生均大受打击，对它进行了大肆的批评。学生的辍学率和教师的辞职率大幅上升，识字率和数学方面的综合成绩也几乎没有得到任何改善。在此过程中，美国各所学校中的人文和艺术教育均遭到了破坏。

政策制定者们强调，毁掉艺术教育并非该法案的本意。我敢肯定这的确不是有意而为之，因为我无法想象严肃的政治家们蜷缩在国会委员会的会议室里，计划裁减全美的钢琴教师，或者由于认定舞蹈教育工作者人数过多而必须减少。政策制定者们的想法是关注等级较高的学科，而艺术只是“不小心”受到了连累罢了。《不让一个孩子掉队法案》就是医学中所谓“脓毒性病灶”（septic focus）的绝佳例子：脱离上下文看问题。

## 只见树木，不见森林

### OUT OF OUR MINDS 只负责肾病的医生

我有个叫戴夫的演员朋友。他是个大块头，体重约有127公斤。他喜欢喝啤酒，尤其喜欢“主教啤酒”（Abbot Ale）的味道。喝了它，你几乎可以在毫无经验的情况下开动一辆小汽车，或者撑起一个大块头演员。戴夫每天都要喝12瓶！几年前，他因为背痛去找医生，医生建议他去肾病专科就诊。专科医生给他做了检查，说他有可能患上了严重的肾病。戴夫问致病原因是什么。“很多东西都可能会致病，”专科医生说，“你喝酒吗？”戴夫说“在社交场合会喝一些”，然后就提到了主教啤酒。医生告诉他，必须戒酒，否则他的肾脏就可能会出现衰竭。戴夫说:“我不能戒酒啊！我可是个演员！”“这样的话，”医生说，“不如你改喝威士忌这种烈酒吧？”戴夫说，他觉得烈酒可能会导致肝硬化。“但你又不是找我来看肝病的，”医生说，“我只负责看肾病！”

若是有大局观的医生可能就会意识到：戴夫的肾脏问题是由他生活方式中的诸多因素所导致的，所以用新问题解决旧问题是没有用的。“脓毒性病灶”变相地证明了:《不让一个孩子掉队法案》这类教育改革只在系统的某些部分进行了革新，却忽视了从整体上考察系统。

为什么等级较高的学科就应该得到持续不断的关注？学科为什么会存在等级之分？答案首先是经济：人们以为某些学科与工作更为相关，能帮应聘者获得更高的薪水。一代代的年轻人总会听到那些好心的建议："别搞艺术，你根本不可能变成职业艺术家"，"别搞音乐，你没法靠它谋生"。于是，他们渐渐远离了艺术。这些建议或许的确出于好心，但我们很快就会认识到：它们是错的。学校重视艺术往往是出于其他原因：它们有助于培养创造力和自我表达能力；是"休闲"或者"文化"活动。可一到世道艰难时，许多人就会想当然地认为艺术根本不能用来谋生。它们本身很有趣，丰富多彩，可到了紧要关头，它们就成了可以抛弃的奢侈品，充其量是"可选可不选"。

记得有一次，我在电视上与英国一位著名政治家展开了一场与此相关的辩论。他认为艺术非常重要，能让人休闲。这种看法有很多问题，其中之一是，休闲是与工作相对的。如果你工作得少，就可以多休闲，但如果你没工作，就是失业了，也就无从谈论休闲了。这可是完全不同的感觉。我们辩论的时候，英国大概有 200 万人处于失业状态。据我所知，他们可并没有形成新的休闲阶级。

学科有等级之分还有另一个原因：说到底，没有人会跟自己孩子说"别做数学啦，你当不上数学家的"；又或者"别搞科学啦，你可成不了科学家"。这第二个原因与文化有关。人们认为等级较高的学科在本质上很重要。这种假设与经济无关：它来自对知识和智力所持有的文化观念。这些观念在过去 300 年里一直主导着我们的思维方式。所以，如果说传统教育的第一根支柱是工业化，那么第二根支柱就是学院化。

## 象牙塔

在日常生活里，“学术”往往被当成“教育”。政客们经常爱说提高“学术水平”，就仿佛它与提高“教育水平”是一个意思似的；人们也常常爱用“学术能力”来指代“智力”。但是，它们其实完全是两回事。学术工作集中在特定的语言和数学推理方面：撰写事实性的、批判性的文章以及口头讨论和数学分析。这些当然都是非常重要的能力，然而如果人类的智力仅限于此，那么大部分人类文化就根本不会出现。因为它里面分析太多，行动太少；它里面不会有实践科学，不会有技术，不会有企业经营智慧，不会有绘画，不会有音乐或舞蹈，不会有戏剧、诗歌、爱情、感情或直觉。这些都是构成人类智力的重要元素。所以说，如果你只具备学术能力，那么今天早晨你恐怕根本没法起床。事实上，你根本就不会有床可起。因为没有人会生产出床来。大概有人会写文章探讨床的理论可能性，但没人实际做出过这种东西来。

对学术成绩来说，文化态度里存在一种有趣的两面性：一方面，人们认为学术成绩对个人的成功、国家的生存而言都非常必要。如果学术水平下降了，媒体专家们会捶胸顿足，政治家们也会坚决地采取补救措施。另一方面，“学术”又成了一种客套的贬义词，很多人都认为专业学者都生活在象牙塔里，无法实际理解现实世界。任何观点，只要被认定为是“纯学术”的，就能轻易地驳回。

为什么我们既为学术能力深深着迷，同时又怀疑它呢？我们将在下一章中了解到，这种痴迷的根源来自启蒙运动，即 17 ~ 18 世纪欧洲哲学和实用科学的大肆扩张。启蒙运动带来了一种以演绎理性和科学证据占主导地位的智力观，而学校和大学的正规教育又强化了这一点。学术工作逐渐主导通识教育的一个原因是，大学的需求直接或间接地塑造了大众教育文化。大学的入学要求直接影响了中小学课程的性质以及评估与公开考试的形式。人们总是把进入大学（而不是直接工作或接受职业训练）的人看作这个教育系统的真正成功者。

> Out of Our Minds
>
> 如果把教育看作为以后的事情做准备，那么就有可能忽视以下事实：人生最初的16年或18年并不是一场彩排。年轻人当下过着的就是他们自己的人生。

如果你退后几步看待教育系统，可能就会问："这一切是为什么呢？"你可能会首先锁定那些从教育的要求和期待中受益最多的人。你可能会得出结论：义务教育的主要目的是"生产"大学教授，因为他们是学术文化的典范。我当过大学教授，知道人们对学者和学术生活极为尊重。但它也不过是一种生活方式罢了。社会不应该把它拔高成一种标准，让其他形式的人类成就都向它看齐。我认识画家、商界领袖、舞蹈家、运动员，还有其他许多人，他们的成就、智力和人格魅力不亚于我认识的任何一位博士后。

很多聪明绝顶的人都曾在整个受教育过程中觉得自己不聪明，也有许多长于学术、大受教育系统欢迎的人，从来没有机会发现自己其他方面的能力。这些人几乎从未察觉到自己真正的创造潜能。浪费创新才能，是一场越来越可怕的灾难。

## 教育的角色

教育主要扮演3种主要角色：个人角色、文化角色和经济角色。每一种角色都富含很多内容，但在这里，我将它们总结成3句简单的话。我认为，这种观念相对而言也没有什么争议。

- **个人角色：**发展个人才华和情感。
- **文化角色：**加深对世界的理解。
- **经济角色：**提供谋生所需的技能，让人们具备经济生产力。

关键之处在于，我们要对这3种角色进行持续的关注，平等地促进它们的发展，并将它们彼此联系起来。理解它们之间的相互关系，是教育转型的关键——我们要让教育符合21世纪的需求，以培养创造力和创新能力为中心。

## 经济挑战

教育在培养对经济活力和发展至关重要的知识、技能和态度方面发挥着关键作用。确凿的证据表明，现有的教育系统是导致劳动力市场出现问题的主要原因，而且对各类型企业和公共机构都产生了同等的影响。这些问题影响着劳动力市场中的每一个人：不管是高素质的白领，还是完全没有学历的工人。

### 学历过高

大多数国家的教育政策都在强调大学毕业率。这些政策或许奏效，但很多时候，毕业生们却找不到工作。在过去的30年中，就业市场上的大学毕业生人数增加了一倍多。毕业生的绝对人数给校园应届生招聘带来了意想不到的危机。这不是说企业招聘不到足够的毕业生，事实恰恰相反：毕业生太多了。在世界上的许多地方，毕业生的人数都在增加，但就业市场的容量却并未出现相应的增长。

2010年，研究生的工作岗位缺口开始增大，大公司尤其如此。但就业局势仍不乐观。在同一时期的英国，研究生的就业机会每年约为2万个，但前来竞争的毕业生却有20万。许多人只好申请对自己而言大材小用的岗位。20世纪80年代初期经济衰退时，约有30%的大学毕业生在职业生涯之初做着不要求大学学历的工作。如今，学历过高化的问题变得更严重了。

毕业生还存在另一个问题，那就是掌握企业所需技能的人太少了。越是复杂的经济状况，就越需要更先进的人才，“他们应具备全球视野，了解不同文化，具有技术素养、创业技能以及管理日益复杂的组织的能力”。雇主们说，他们希望员工能够创造性地思考，能够创新，擅长沟通，能跟团队合作，适应能力强，更加自信。他们抱怨说，具备这些素质的毕业生太少了。这没什么好奇怪的，传统的学术课程并不是为了培养这些素质而设计的，它看重的往往是相反的东西：鼓励个人研究而非合作研究；偏爱用合乎规矩的格式呈现数据，用学术价值来衡量成功。而事实上，对新技能的需求，恰好出现在大学最难适应和满足这一特殊需求的时期：由于学生人数的增多，教师用于个性化教学的时间不得不被削减。

如今，在大多数大型大学里，个性化教学的机会很少。学生们只能上远程公共课，讨论课上人也很多，而主持讨论的则是那些收入微薄的研究生助理。另外，教授们往往会在没有与学生做充分讨论的前提下就给他们的作业打分。随着采用标准化测试和多项选择题进行评估的文化日益发展，整个教学过程变得更加非个性化，更加厌恶风险了。

## 人才争夺战

许多企业发现，要招聘到自己想要的人才越来越难。就算找到了，也往往很难留住他们。高管们说，经营分公司、担任关键职能所需的人越来越短缺，能够领导公司的人就更少了。这个问题已经存在很长时间了。由此而来的后果之一，就是组织打响了一场人才争夺战。

一直以来，企业咨询公司麦肯锡与 77 家来自多个行业的美国大公司的人力资源部门合作，以了解它们的人才培养理念、实践和挑战。最初的研究涵盖了近 400 家企业以及排名在前 200 位的企业的 6 000 多位主管。它还对 20 家被公众认为人才辈出的企业做了个案研究。3/4 的公司表示，它们偶尔会有人才不足的情况，但所有公司在各个层级上都存在人才长期短缺的问题。

研究得出的结论是，高管人才作为一种企业资产来说，一直是欠缺妥善管理的。很多公司虽然严格地管理着自己的实体资产和金融资产，却并未以相同的方式优待人才。所以，员工们很少相信雇主们愿意为自己提供有益的职业发展机会。大多数企业在员工培训方面存在短视现象，只有 1/3 的雇主会提供上岗培训之外的培训。在迅速变化的环境中，雇主始终担心公司最优秀的人才会被其他公司挖走。于是，它们在发展员工才能的投资上始终保持着谨慎态度，因为它们担心这会让竞争者白白受益。这样一来，企业员工的流失率往往很高，而空缺岗位则多由外来人才填补。按专业猎头机构的说法，普通管理人员一生中的工作单位有 5 家；再过 10 年，这个数字可能会上升到 7 家。

为了赢得人才争夺战，大多数公司选择建立强大的人才招聘和挽留机制，以“把合适的人拉上船”。这种短期模式的问题在于，“它无法阻止其余人的流失，而这些人才的能力还尚未得到充分的发挥。它认为世界上的人才是无限量供应的……并认为人才也不介意在不重视个人培养的公司里工作”。即便如此，按麦肯锡的说法，公司参与高管人才的争夺仍是未来数十年企业竞争格局的一个决定性特征。可惜，大多数公司仍然准备不足，就连最优秀的公司在面对此竞争时也会不堪一击。

## 学力不足

以上问题对高学历人士而言已经足够严重了，而对低学历人士来说就更加致命了。就算按现行教育制度设定的标准来看，数百万人仍然处在不达标状态。一个指数衡量了义务教育的辍学率和失学率：在美国，升入高一的学生，平均有 30% 在升入高三之前就辍学了，一些地区的比例更是高达 50%。在部分原住民社区中，这一数字达到了 80% 以上。而在坚持修完高中课程的学生里，成绩不佳的比例往往也高得惊人。

因为这些数字责怪学生是不对的，它们反映的问题出自教育系统内部。在其他任何标准化流程中，若是出现了 30% 的废品率，铁定会被认定为失败，更别说 50% 或 80% 了；在教育领域，它浪费的可不是没有生命的商品，而是有血有肉、会呼吸的、活生生的人。从现状来看，高中没毕业的学生除了从事低收入工作之外，几乎没有其他出路；而如果他们连低收入工作都找不到的话，就只能长期处于失业状态。失业给经济造成了巨大的负担；与此同时，许多本来应该有人上岗的工作却找不到合适的人手。

## 新的“迷惘一代”

2016年5月，欧盟有2 100万人失业，其中有近1/3的人不到25岁。一项研究显示：“欧洲有1/3处于工作年龄段的人口没有正规学历或学历很低，较之于拥有中等学历的人，前者就业的可能性要低40%。仅在英国，就有570万名处于工作年龄段的人完全没有学历，英国有20%的成年人，大约700万人，都不识字或者不会做算术。”大多数专家都认为，欧洲就业困境的根源在于僵化的教育系统、高昂的劳动税以及人口流动障碍。

受此负面影响最大的是年轻人。全世界15～24岁的年轻人大约有6亿，其中7 500万处于失业状态，占全部人数的12%，是成年人失业率的两倍。按国际劳工组织发布的报告，青年失业是一个全球性问题，也是一个不断恶化的问题。在发达国家和一些新兴经济体中，不断攀升的失业率造成了疏离、萧条等社会危机。90%的年轻人居住在发展中国家，他们尤其容易遭受失业和贫困的冲击。国际劳工组织说：“在发展中国家，穷人的日常生活中弥漫着危机。陷入求职困境的年轻人变得越来越多，而且这一恶性循环至少还要再持续一代人。”国际劳工组织认为，随着一大批人初进职场就已经失业，这些趋势“对年轻人而言十分残酷”。它警告说，“这有可能造就出新的‘迷惘一代’，这些年轻人被迫退出劳动力市场，失去了通过工作换取得体生活的一切希望”。

国际劳工组织的研究强调了年轻人失业的代价：“社会对他们的教育投资完全被浪费了。各国政府都无法收回这些人对社会保障制度的贡献，还被迫在补救性服务上加大支出。”年轻人是经济发展的动力，“放弃这种潜力在经济上是浪费，也会破坏社会稳定”。失业率长期居高不下，且失业人士中的一半已经失业了长达一年以上的时间，这不仅是一项经济上的挑战。

一个越来越庞大的群体开始深感自己被社会和经济变化边缘化，但又无力改变现状。长期失业已成为困扰这个群体的顽症。他们往往集中在特定地区，反过来又降低了自身共同的复苏机会。在英国，绝大多数失业人口生活在全国各地的 2 000 处村屋里。在一个以工作为主导的社会，没有工作或是面临失业，都会产生极为可怕的负面影响。在很多国家，学校里的年轻人之间出现了令人担忧的不满和好斗趋势。教师们产生了强烈的挫败感，变得士气低落。60% 的教师说想离开自己就职的学校。半数的受访教师表示，因为学校的纪律太差，他们甚至想告别教职生涯。

与其他许多国家一样，美国也存在愈演愈烈的社会排斥问题。在许多城市中心地区，尤其是在因被疏离而心存不满的群体当中，少年帮派的暴力问题变得愈发严重。在欧洲的一些主要城市，帮派斗争和暴力已经成为青少年生活的一个特点。最令人不安的一种前景是，社会中将出现难以翻身的底层阶级。如果城区居民中的某些群体在经济上丧失了权利，就有可能会陷入犯罪、贫困和绝望的不可逆循环之中。要平息这些绝望的、被边缘化了的群体的愤怒和挫败感，代价可能会非常高。

美国有着全世界最高的监禁率。每 35 个美国成年人就有一个身处惩教系统中，包括监禁、缓刑和监外管制，这个数字比 30 年前翻了一番。同一时期，被判监禁和缓刑的人数增长了 274%，2008 年达到 230 万；监外管制人数也增长了 226%，达 510 万。这些人都集中在特定群体里：在美国，10% 的成年非洲裔人口处在惩教系统中，对拉美裔人口而言，这个比例是 4%，白人为 2%。在疯狂膨胀的监狱人口中，教育失败的人多得数不胜数，他们大都没有读完高中，不识字，算术差，或因未确诊的学习困难症而成绩不佳。

过去 30 年中，政府对监狱系统的支出成了财政预算中仅次于医疗补助（低收入者医疗计划）的最快增长部分。2010 年，加利福尼亚州惩教系统的支出超过了整个公立高等教育的支出。监禁的费用远比教育费用更高。平均而言，把犯人关在监狱里一年的成本是 29 000 美元，而接受一年高中教育的成本估计只有 9 000 美元。某些政策制定者显然更愿意把钱花在监禁上，而不是为这些被边缘化了的群体的才能投资。然而，迄今为止，培养问题人士的才能和抱负是鼓励他们重新投入社会、避免再次犯罪的最佳途径。从社会、伦理和经济等各个方面来看，投资改善教育以及让所有公民获得美好的人生开端，都比教育投入不足、花更多钱补救恶果要有意义得多。

## OUT OF OUR MINDS | 你戴手表吗?

我偶尔在开会时会让 30 岁以上的人举起手来，问他们谁还戴着手表。通常，戴手表的占 30 岁以上人士的绝大多数。如今 30 多岁的人还处在成长过程中，数字技术尚处于起步阶段。为了获知时间，那时的人们必须戴表。可如果我问一屋子青少年同样的问题，那么举手的人就会寥寥无几。眼下这一代青少年通常不戴表。对他们来说，获知时间的媒介真是多种多样，有手机、音乐播放器和游戏机等。在他们看来，自己根本没必要专门戴一个只能用来判断时间的小工具。“为什么要戴表呀？”他们说，“这个设备功能太单一了，没有多大用处。”我只能回答说：“没那么糟吧，它还能显示日期呢！”

## 文化挑战

有句老话说得好，“你出生之前就出现的技术，算不上真正的技术”。数字技术造就出了自摇滚乐出现之后最大的世代鸿沟。马克·普瑞斯基（Mark Prensky）等人对数字原生代和数字移民做了区分。这并不是一个硬性的区分，但它确实指向了明显的世代交替。老一辈的移民，出于怀旧情绪和对安全感的追求，往往会在新的国家退缩回故国文化。而孩子们则热烈地投入新文化，激动地拥抱它，还把它教给成年人。数字文化大多也是这样。关于新的工具和思考方式有些什么潜力，我们的孩子有很多东西可以教给我们。他们像讲母语一样说着数字时代的语言，成年人对这一套却像在学外语。我们的孩子往往不认为这些设备是技术，而是觉得它们就像人呼吸的空气一样自然。

技术的高速发展，使经济出现了周期性振荡，人口、价值观和行为都发生了变化。现在，各国的教育系统都迎来了方方面面的文化变革巨浪。有些变化是数字文化的直接特征，有些不是。过去 50 年中，许多原本确定的东西纷纷出现破裂：核心家庭、宗教参与模式和性别角色，等等。财富和机会不平等的日益加剧，在文化群体之间造就了更为深刻的裂痕。在世界各地，文化认同变得日益复杂、相互纠缠、彼此冲突。

## 个人挑战

如今，学校里的年轻人承受着远比我那一代人更大的考试压力。他们必须付出比我们更多的努力才能考上大学；考上大学以后又要付出更多的努力才能得到较高的分数；而等到从学校毕业后，他们的学历又会变得一文不值。

他们从 5 岁甚至 3 岁开始就在承受这种压力，而且这种压力会贯穿其整个学生生涯。考试和测验不再是检验学业进展的指标，更像是不断地把植物拔起来看看它们长势如何的评价方式。对上了大学的学生来说，学业和生活压力会变得更大。随着对学历需求的持续通胀，学生们面临着巨大的成功压力。许多人甚至开始服用声称可以提高成绩的药物，以帮助自己在学业上保持专注。

除了学业压力，学生们还肩负着另外一种压力：要表现得尽量悠闲。罗里 · 奥康纳（Rory O'Connor）和诺埃尔 · 希伊（Noel Sheehy）曾对学生中的自杀行为进行过研究，他们认为，学生们“正承受着压力，他们要表现得像个全面发展、幸福、成功、有才能、聪明的年轻人，他们希望融入环境。但事实上，他们正承受着‘不要显得有压力’的压力”。越来越多的学生认为这一压力太重，自己无力负担，时常感到非常痛苦。大学生的自杀率凸显了我们现在对孩子学业成功所抱持的过高期待。有些学生辅导员也开始呼吁，学校应该在培养年轻人的基本沟通和解决问题的技能上多花些时间，以让他们应对未来的生活：“只有让年轻人敞开心扉，我们才能够帮助他们消除因自身无法面对压力而产生的耻辱感，以及不愿让任何人知道的抗拒感……因为如果假设学术成功就是生活的全部，那么我们根本没有教会人们应该如何面对失败，这是一个根本性的问题。”

## “常识”也会出错

现行的大众教育制度，是为了迎接过去时代的其他挑战而构思设计的。要迎接我们如今面临的挑战，我们必须对它们进行重新构思。尽管技能的差距变得日益巨大，人才争夺战也变得异常激烈，各个领域都在飞速变化，但许多政策制定者和其他相关人士仍然在照搬老一套的做法：只重视提高传统的学术水平和标准化考试得分。究其原因，我认为问题在于，支撑这些教育方法的基本假设已深深融入了人们的意识之中，几乎不会被觉察。它们变成了一种“常识”，就好像我们必须那么做似的。可与很多常识一样，它们虽然表面看上去很有道理，但其实却是错误的。只是高举学术水平的大旗，并不能解决我们所面临的问题，反而有可能会加重问题。为了向前迈进，我们需要重新理解智力、能力以及创造力的本质。我们需要重新思考一些有关教育、智力和自我的基本观点。我们需要从詹姆斯·亨明（James Hemming）所称的“学术错觉”（academic illusion）的状态中清醒过来。它对我们的禁锢，远远比你想象的更加牢不可破。

从一开始，智商就是一个强大而具有挑衅性的设想，现在也仍然如此。怎么会这样呢？答案就在于过去400年来科学所取得的胜利，以及它根植于阿科德米亚树林。

OUT OF OUR MINDS

# 03 重要的是智力，而不是学术

The Power of Being Creative

Out of Our Minds

所有真理都会经过3个发展阶段：首先，它饱受嘲笑；其次，它招来激烈反对；最后，它被接受，成为不言而喻的真谛。

——叔本华

## 智力的两种含义

你有多聪明？这是一个不容易回答的问题。我们觉得自己能够识别人的智力，但每当想要给它下一个定义时，它又会从我们的指尖溜走。心理学、神经学、教育学和其他专业领域的专家们投入了大量智力来思考这个问题，但仍然无法对智力下一个一致的定义。虽然没有公认的定义，但有两种在流行智力概念里占主导地位、根植于学术能力的观点：一种是智商，一种是对事实性信息的记忆。

## 加入俱乐部

门萨协会号称自己是全世界准入门槛最高的国际俱乐部之一，其入会资格以“高智商”为基础。它宣称，世界总人口中只有 2% 有入会资格。是否准予入会，要看申请人在不同“智力测试”中的表现。“智力测试”里提出的问题与下面的问题类似。[①]

1. 问号处会出现哪一个字母？

M Y V S E H M S J R S N U S N E P ?

2. 文具购买详单如下：

78-Pencils（铅笔）

152-Paint Brushes（画笔）

51-Files（文件夹）

142-Felt Tip Pens（毡头笔）

? -Writing Pads（写字板）

请问写字板应该买多少套？

3. 缺失的箭头应指向哪个方向？

| | | | | |
|---|---|---|---|---|
| ↓ | ↓ | → | ← | ↑ |
| → | ↓ | ↓ | ← | → |
| ↑ | → | ? | → | ↓ |
| → | ← | ↓ | ↑ | → |
| ↓ | → | ← | ↓ | ↑ |

① 测试题答案请见本书彩蛋，具体获取方式见本书第Ⅱ页。——编者注

这类题目检测的是人们对主导一系列观点背后的原则进行逻辑分析的能力。哲学家们把这种“逻辑 - 演绎”能力称为推理。“合乎逻辑”地思考，是流行智力观里的重要组成部分，而仅次于其后的则是信息的记忆。

## 复述事实

英国有一个十分著名的电视益智问答节目，名为《智多星》(*Mastermind*)。每个星期都有 4 名参赛选手，他们依次坐在黑暗的摄影棚里的聚光灯下，回答主持人的提问。提问分两轮，每轮两分钟：第一轮由选手自选专业话题；第二轮主要是检验他们的常识。全年的优胜者们最后还会参加一场“年度智多星”比赛，胜利者将成为全英国公认的最聪明的人之一。此外，有一档名叫《不列颠聪明人》(*Brainof Britain*)的电台固定节目，也采用类似的赛制。现在，还出现了新《少年智多星》(*Junior Mastermind*)。至于大获成功的节目《百万富翁》(*Who Wants to be a Millionaire?*)，则是参赛者如果连续回答正确 12 道事实性问题，就有机会赢得一大笔钱。这类益智节目检验的是人们记忆事实性信息的能力，包括姓名、日期、事件和统计数据等。哲学家称之为命题性知识，即“某件事是如此这般”的知识。

学术能力以“逻辑 - 演绎”推理和命题性知识这两种能力为基础。“学术”(academic)一词起源于古雅典附近的一片树林，名为“阿科德米亚”(Academeia)。就是在这片树林边，希腊哲学家柏拉图在耶稣诞生 400 年前，就建立了一个颇具影响力的学者社群。柏拉图的教导来自他的老师苏格拉底确立的哲学分析法。柏拉图最著名的学生是亚里士多德(亚里士多德则是亚历山大大帝的导师)。亚里士多德在自己的著作和教学过程中进一步确立了这些观点，并由此发展出思想、数学和科学系统，塑造了西方世界的知识框架。虽然推想起来，柏拉图、苏格拉底和亚里士多德的智商应该都很高，但他们从来没有听说过智商这个词，也从来没有听说过门萨俱乐部。那么，如今大众对智商测试的迷恋又与大众教育和阿科德米亚树林有什么联系呢？

## 智商并不是智力的全部

与机动车、电视机、微处理器和可口可乐瓶一样，智商是现代世界最令人瞩目的发明之一。智商的设想分为 4 个部分。第一，每个人天生就有固定的智力能力或者说智商，就与人天生就是棕色眼睛、红色头发一样，我们的智商也是一个固定值。第二，我们可以通过如上所述的一连串书面试题，计算出人们的智商。所得结果可以跟一套量表相比较，得出 0 ~ 200 分区间内的某个数值。这个分数就是你的智商。在这套量表里，人的平均智商位于 80~100 分之间；高于平均值的范围是 100 ~ 120 分；130 分以上，就可以参加门萨俱乐部的圣诞晚会了。第三，智商测试可以用来预测孩子们在学校里的成绩以及未来的人生表现。为此，智商测试被广泛应用于选拔学生和进行教育规划。第四，智商是测量人类智力的指数，也就是说，社会认为这些测试指向的是人的整体智力。

现在很多人都认为，根据智商测试得分就能判断人有多聪明或者多不聪明。但这一切带来的结果是：有关智力的通俗观点狭隘到了危险的程度，而其他智力不是被忽视，就是被低估。再加上智商的概念出现于大约 100 年前，它对社会政策，尤其是教育政策，造成了爆炸性的影响。这个设想最初是从哪儿来的呢？它是如何逐渐主宰了流行的智力概念的？它能否在跨文化背景下进行准确、公正的测量？

## 智商测试

现代智力测试的基础是由弗朗西斯·高尔顿爵士（Francis Galton）在19世纪中期奠定的，他是查尔斯·达尔文的表亲。1859年，高尔顿读了《物种起源》，认为人的生命或许也在遵循达尔文描述大自然其他领域时所用的自然选择原理。高尔顿指出，如果遗传在人类发展中发挥着决定性的作用，那么通过选育程序，人种就应该得到改善。

出于这个目的，高尔顿把注意力转向了设计隔离和测量"整体智力"的科学方法，并对不同的个体进行了比较。1883年，他首次使用了"优生学"（eugenics）这个词。现代智力测试构建在高尔顿的研究之上，更重要的是，它也构建在阿尔弗雷德·比奈（Alfred Binet）的研究之上。

20世纪初，比奈开始对巴黎的小学生们进行研究。他的部分工作是为了找出哪些孩子可能需要特殊教育的支持，于是他为不同年龄层的孩子设计了小测试，以方便管理。

比奈的目的是追求实用性，他的方法"讲究实效而非科学性"。1905年，他设计出了第一套智力测量表，该表包含30道题，针对的是3 ~ 12岁的孩子。测试员会让每一个孩子都参与做题，一直做到做不下去为止。接着，他会将成绩与孩子们所属年龄组的平均水平进行比较。如果某个孩子可以完成6岁孩子该做完的测试，那就可以说这个孩子的智力年龄是6岁。那时，比奈将智力年龄和实际年龄之差视为了留级的指标。

## 智商计算公式

1912年，德国心理学家威廉·斯特恩（William Stern）提议用智力年龄与实际年龄之比来推导出现在广为人知的智商公式，他认为该公式可以是这样的：

$$IQ=\frac{\text{智力年龄}}{\text{实际年龄}}\times 100$$

几年之内，世界上的许多地方都应用了这一公式。但是，人们很快就忘了最初适用于智商概念的限制条件，把它移用到了各个领域中。美国尤其如此。100 年后，智商仍然是不同教育形式、各类就业岗位和军队职位的基本选择原则。

在推崇智商的整个环境中，既有人用它来支持种族、民族和社会差异理论，也有人用它来对这些理论进行批判。英国和美国早期进行的智商测试表明，穷人及其孩子的智商较低，富人及其后代的智商较高。智商似乎莫名其妙地决定了贫富和物质水平。当然，这里有一个重要的变量：穷人无法负担教育费用，而富人却可以。这似乎是一个被忽视的地方。一时间，这些发现为基于优生学的政治举措提供了有力的根据，人们开始通过选育和人口控制来“改善”人类素质。20 世纪初，温斯顿 · 丘吉尔和乔治 · 萧伯纳等顶尖知识分子都公开支持优生运动，认为应该严格控制穷人的生育数量。美国一些州则通过立法来清除智力低下的人士。纳粹第三帝国则出于不同动机将优生学作为“最终解决方法”的关键要素，并最终造成了骇人听闻的恐怖后果。

1994 年，查尔斯 · 默里（Charles Murray）和理查德 · 赫恩斯坦（Richard Hernstein）在美国出版了《钟形曲线》（*The Bell Curve*）一书，掀起了一场有关智商测试的大论战。该书指出，智商测试可靠地印证了人类智力存在巨大差异的问题。作者认为，智商与道德低下的行为有关，而这又跟一些特定的民族文化，尤其是非洲裔和西班牙裔族群脱不了干系。人们都批评《钟形曲线》是种族主义图书。有关智商测试的辩论至今硝烟未散。

从一开始，智商就是一个强大而具有挑衅性的设想，至今仍然如此。尽管人们对智商测试究竟衡量的是什么以及它衡量的东西到底跟整体智力有什么关系，从来没有达成过共识，但大众还是逐渐把这些有关学术能力和智商的设想当成了天生如此的事情，而不是特定文化价值观和特定科学假设的产物。事实上，智商测试正属于后者。怎么会这样呢？答案就在于过去 400 年来科学所取得的胜利，以及它根植于阿科德米亚树林。

## 科学的胜利

历史学家通常认为西方历史可以分为 3 个主要时期：古代、中世纪和现代。这 3 个时期在划分上并不存在明显的界线或时间的分水岭，却是人类文化演进的不同阶段。它们的分野，在于人类看待世界的不同方式以及由此造就的不同世界。它们建立在不同的意识形态或范式之上。

哲学家苏珊·朗格（Susanne Langer）认为，一个社会或者一个历史时期的知识视野，并不仅仅单纯地由事件或人类的欲望决定。它们是由人们用来分析、描述自身生活的基本思路来决定的。同理，理论也是为了回应问题才提出的。苏珊·朗格指出，一个问题只能通过有限的方式来解答。出于这个原因，知识时代最重要的特点就是，这一时代所提出的问题以及在其限定下属于问题的东西。正是这一点，而不是知

> Out of Our Minds
>
> 哥白尼、伽利略和开普勒并未解决老问题，而是提出了新问题。

识时代所提供的答案，揭示了其对世界的潜在看法。在任何知识时代，一些基本的假设都必然会存在，而当时的人们也会鼓吹一些在不知不觉中被视为理所当然的思考方式。这些深层次的态度构成了我们的意识形态，并让我们倾向于接受各种各样的问题和解释，以此设下理论的界限。如果我们的解释是理论上的，那么我们的问题就是意识形态化的。

“范式”一词是由美国科学哲学家托马斯·库恩（Thomas Kuhn）在 20 世纪 70 年代提出并推广开来的。他用“范式”来描述人类思想和文化领域内标志着伟大科学革命的巨震式变化。范式是公认的规则和假设框架，它定义了事情的既定法则。在科学史上，一种范式并不是一套单独的理论或一项科学发现，而是科学本身所蕴含的潜在方法，它会对理论加以框定，并对发现进行校验。

库恩将科学形容为解谜活动，因为人们是通过应用科学工作者在社群内达成共识的程序和规则去解决问题的。库恩最感兴趣的历史时刻，是当科学问题、科学规则出现转变时，或者两者都出现转变的时候。他认为“常规科学期”和“超常规科学期”是不同的：在前一时期，科学工作者们对问题与规则会存有普遍一致的意见；而在后一时期，常规科学会开始得出公认规则和假设无法解释的结果。如果将这些异常积累起来，科学界对公认方法的信念就会动摇，并出现专业危机，而这会引发创造和发明的大爆炸。在“超常规科学期”，有关自然及科学局限性的全新问题和全新理论就会冒头，这就是科学革命的时代。

每当新观点或方法，也就是苏珊·朗格所谓的“生成性观点”，以狂暴式思潮跨过了现有的思维方式并使之转换时，新范式就有可能会出现。真正的生成性观点就会打开全新的观察和思维方式，激发多个领域的智力激情。一如苏珊·朗格所说，“新的观点就是一束光芒，它照亮了之前我们根本看不到的东西，并赋予这些东西以意义。我们把光射向这里、那里，射向每一个地方，思想的束缚便在这光芒面前消散开来”。范式变化往往有着独特的发展路线，它由重新配置了我们基本思考方式的新观念所触发。

起初，随着新观念应用、扩展到许多不同领域并在其中收获经验，一个充满巨大的知识不确定性的兴奋期便出现了。最终，革命性的思考方式逐渐安定了下来，它们的真正潜力也变得更为清晰，更为确凿。最终，它们成了新范式的一部分，即新的思维方式。革命性的思考方式催生了新范式，造就了新的既定观念和新的确定性。它们进入了我们的意识，变成了一种理所当然的认识，也自然而然地成了新文化的一部分。

从一个知识时代过渡到另一个知识时代，社会必然会经历一场痛苦而持久的转型。新的思维方式并不是在历史中某个明确的节点上取代旧有的思维方式的，两者往往会在很长一段时间里交融、并存。这种复杂而曲折的变化过程，有可能在一路上造就诸多紧张且无法解决的问题。但最终，新范式会为新时期的常规科学奠定应用的框架。

每一个重要的知识发展期的特点都是，以革命性的新观点推动时代向前。在古代和中世纪时期，人们理所当然地认为托勒密提出的“地心说”是对的。产生这种信念的原因有两点：首先，事实看起来就是这样：早晨太阳升起，缓缓穿过天空，晚上再次落下。人人都看得见，动的是太阳，不是地球。去干活的路上，人们并没有被抛离地球，而且身上也没有绳子拴着（才没有飞出去）。故此，太阳在动，地球没动，这是常识。其次，这一假设也有着宗教方面的出处：在中世纪的世界观里，地球是造物主的中心，人类是上帝最后创造出来的，是宇宙王冠上的宝石。神学家们认为，宇宙中的一切事物都会呈现出完美的对称性，行星会以完美的圆形轨道绕着地球运转。

诗人用节律表达了这种和谐感；希腊早期的数学家用简洁优雅的公式来描述这些运动；而天文学家则以之作为复杂理论的基础。问题在于，这些运动里有着令人担心的变数：行星们并不守规矩。以地球为万物中心出发，天文学家们只有在理论里不断增加愈发复杂的变量，才能阐释行星的运转。

因为与所有人一样困惑，所以哥白尼提出了一个激进的主张。如果太阳并不围着地球转，那会怎样呢？如果是地球围着太阳转呢？这个惊人的想法解决了一大堆多年来折磨天文学家的老问题。就这样，“日心说”出现了。后来，开普勒指出，行星们并不在圆形轨道里运转，而是在椭圆形轨道里运转的，这一观点最终由牛顿的万有引力定律进行了佐证。

最初，这场所谓的“哥白尼革命”并没有掀起太多的涟漪。但伽利略对“日心说”却表现出了极大的兴趣，这穷尽了他一生的时光。他的望远镜让科学家们逐渐看到了哥白尼理论的真相，自此之后，相应的观点也开始逐渐站稳脚跟。但这些主张却被斥为异端邪说，是对上帝造物传说的侮辱，是对人类自身的诋毁。伽利略遭到了迫害，因为自己主张的观点还受审过两次。

尽管如此，但理论确实是建立在科学事实基础之上的，随着时间的推移，越来越多的人开始承认这一点。哥白尼、开普勒和伽利略并未解决老问题，他们只是提出了新问题，并在探究的过程中，改变了框定老问题的整个基础。旧理论被证明是错的，因为旧理论所依据的假设是错的，它们建立在虚构的意识形态之上。随着新的认识的传播，它开创了一个新的知识时代，即一套新范式。

14～15世纪的文艺复兴，不仅标志着中世纪的世界观已经发生了转变，也标志着孕育中世纪世界观的意识形态发生了转变。事实证明，哥白尼和伽利略的见解是新时代的曙光。从托勒密在1世纪提出的“地心说”，过渡到哥白尼的“日心说”，它们框定的不仅是地球在宇宙中的位置，更重新确定了人类在历史上的位置。

这场冲击波并未止步于天文学领域，更是席卷了包括哲学、政治和宗教在内的所有文化领域。尽管哥白尼和伽利略不承认自己是无神论者，但他们的观点却引发了对宗教教义诸多方面的深刻质疑。500年后，达尔文的进化论对宗教教义发起了更加严峻的挑战。“哥白尼革命”其实已经预示了以客观科学范式为框架的进化论的出现。

一种以逻辑、推理和证据为基础的新世界观，动摇并最终取代了以神学和信仰为主导的中世纪世界观。

## 技术创新推动的文艺复兴

之所以提到文艺复兴，是因为它还标志着人们重新对古代世界、希腊哲学、文学和数学所用的方法产生了兴趣。文艺复兴期间，各个领域都开出了异乎寻常的知识成就之花。在这150多年中，很多人类历史上最伟大的人物诞生了，并创造出一些人类历史上最伟大的作品，这些人和成就塑造了我们今天生活的世界。1450—1600年，欧洲诞生了达·芬奇、米开朗琪罗、拉斐尔、伽利略、哥白尼、莎士比亚和牛顿。他们创作的艺术和文学作品及提出的理论，在美学和深刻性上都达到了无与伦比的程度，奠定了现代科学、技术、艺术和哲学的基础。

人们认为，文艺复兴时代的人是博学多才的，因为他们要学习包括艺术与科学在内的一系列学科。文艺复兴时期的代表人物是达·芬奇，他在绘画、雕塑、数学和科学方面都极具才华；而米开朗琪罗为西斯廷教堂画天顶壁画时，房间里放的却是科学定理和新的技术创新的手稿。

正是基于一系列的技术创新和成就，文艺复兴得以向前推进。事后看来，其中有 4 种发明最为重要：印刷术、指南针、望远镜和机械时钟。

## 文字的传播

欧洲印刷术发明之前，只有极少数文化精英能接触书籍、观念和知识，而这些精英主要来自教会。教会的地位得益于它对经卷享有的独占权，而通过经卷，他们又掌控了上帝的“言”。[①]这就给予了神职人员对于人类思想无与伦比的控制权。文艺复兴以及由此掀起的壮观的文化运动，逐渐动摇了教会的铁腕钳制。随着识字率的提升，思想的流动性得以提高，教会的至高地位也开始下降。书籍的印刷和传播激起了人们对识字和知识的欲求，反过来又挑战了识字者对文盲的权威。印刷术让思想以前所未有的规模，跨越了国家和文化的界限。

在威尼斯人奥尔德斯·马努蒂尔乌斯（Aldus Manutius）发明便携式书本后，便携式书本图书馆渐渐成为主流，彻底颠覆了教会对知识的控制权。中世纪图书馆制度及其背后以教会为首的机构，首次开始遭受到了一种独立出版的商业化产品的挑战，并最终被取代。一如胡安·拉达博士（Dr. Juan F.

① 上帝以言创世。——译者注

Rada）所说：“一场新技术和知识转型开始了，它为知识革命及伴随而来的大发现时期提供了动力。便携式书本产生了颠覆性的影响，它为宗教改革、白话文的推广、出版物的多元化创造了条件，使作者和读者进行个性化的表达成为可能。”便携式书本图书馆又为复杂官僚机构和大型组织化国家的发展创造了必要的工具：“出版成为载体，传播思想和观点，改变宗教信仰，实现学术认可。启蒙时代的种子就这么种下了，对教育的信仰以及本世纪对普遍教育和识字的信仰，也由此展开。”

## 找准方向

文艺复兴是真正的大发现时期。为了开拓疆土和殖民地，欧洲列强的商业船队开始了横跨大西洋的投机远征。这些闯入未知领土的浩大活动，是依靠新的导航工具实现的。其中，磁针式罗盘（在距今约 2 000 多年前由中国人发明，直至近年来才为 GPS 所取代）能够以极高的精度测量方向，在定位，尤其是航海定位领域掀起了一场颠覆性的革命。在一些探险家绘制地图的同时，另一些人则受到了伽利略的启发，开始用全新的科学精度勘测宇宙。望远镜让人们能够更准确地观测行星的运动轨迹，以及地球在宇宙中的位置。所有这些创新，都与科学和数学等新理论的演变实现了融合。

还有一项更出人意料的发明也被卷入了这个过程。这项发明的根源，也有可能是来自中国的技术。此时，机械钟逐渐取代了水钟[①]，为人们以全新的方式思考时间提供了条件。有趣的是，对这样一个革命性的设想，我们只知道它最初出现在 1200 年前后，却无法在历史上找到有关发明者的信息。时钟将人们从依靠日夜自然更替节奏来组织时间的做法中解放出来，这个变化

① 水钟，中国古代的计时器。——编者注

对工作和产业模式产生了深远的影响。

时钟还深深地影响了我们的时间观念：一天 24 小时，每个小时又被等分为 60 分钟，这是个常识。时钟还为思考宇宙提供了新途径。1687 年，牛顿出版了《自然哲学的数学原理》一书，阐述了关于自然运作和人在宇宙中的地位的不朽理论。他设想宇宙运行就如同一套庞大的钟表机制，这个哲学观点对后世科学和哲学的发展产生了深远的影响。这一现象里隐含着因果观念，以及外部因素相对于内部刺激的重要作用，如今，这些观点塑造了我们日常的思考和行为方式。阿尔文·托夫勒指出，时钟的发明早于牛顿发表这些理论，对牛顿框定这些理论有着重要的影响，尽管牛顿本人曾警告说，不要因他的理论而把宇宙想象成一台大时钟。他说："重力解释了行星的运动，但不能解释这一运动的掌控者。上帝主宰一切，上帝是全知的，更是全能的。"

## 个人的崛起

基于文艺复兴带来的复杂而相互交融的变化，人们重新燃起了对个人体验重要性的重视。在中世纪，教会和国家之间没有明显的分水岭。15 世纪，伴随着识字率的提升，教会的力量开始遭到侵蚀。与此同时，人们对天主教会的精神和政治腐败也感到越来越不安。

德国牧师马丁·路德（Martin Luther）认为，个人与造物主之间不应该横亘着第三方，至少不应该横亘着腐败自私的教会。宗教改革强调，每个人都应从自身出发去理解经文，直接与上帝沟通。重视个人的批判性判断和知识的力量，支撑了 17 世纪和 18 世纪欧洲科学方法的发展；而后一时期，也就是我们通常所说的"启蒙时代"。

## 获得理性

随着教会原有的确定性开始分崩离析，启蒙时代的哲学家和知识分子们开始对事物的本质提出根本性的质问。具体而言就是，什么是知识？我们又是怎么知道的呢？他们希望不对任何东西抱持理所当然的态度。他们的目的是剥离迷信、神话和幻想的外衣，发掘世界的本来面目。他们认为，知识必须经得起两种测试的检验（符合其中之一或两者都符合）：符合严谨的演绎逻辑；有观察证据支持。法国哲学家笛卡儿认为，什么事情都不应当妄信。

如果我们要修建一栋新的知识大厦，那么就必须一砖一瓦地搭建，每一个元素都应该得到充分的检验。他确立了一套逻辑分析程序，即不把任何事情视为理所当然，甚至对自己的存在也表示怀疑。他的出发点是，他唯一能确定的事情就是自己正在思考问题，“我思故我在”：因为我正在思考，所以我一定是活着的。

西方世界观深受这一线性原则的影响。所以，理性主义者会按照逻辑顺序思考，就像用砖块砌墙一样，在一个理念之上构建另一个理念。类似地，实证方法也开始在事件中寻找因果模式，暗示事件会从已知的“因”走向已知的“果”。理性主义和实证主义是启蒙时代的驱动力，它们通过科学、哲学和政治，获得了无法阻挡的力量，改变了传统的思考方法，打开了通往科学、技术、哲学等崭新领域的大门。顺着它们的指引，18 世纪和 19 世纪爆发了工业革命；而在我们生活的时代，科学又以种种形式占据了主导地位。一路走来，两种从前几乎不可分割的思考方式——艺术和科学，之间出现了罅隙。

## 现代世界的形成

由理性主义主导的科学世界观取得了无法估量的成就，包括医学和制药领域的非凡进步，对人类寿命及生活品质产生了积极的影响；工业技术的爆炸式发展；复杂的通信和交通系统；对物理化宇宙前所未有的认识。随着科学和技术成就的继续累积，未来显然还会出现更多的成就。但它也让我们付出了沉重的代价，尤其是它导致了艺术和科学的分裂，使得理性主义在教育刚一出现时就占据了主导地位。

文艺复兴时期看似无比自然的艺术与科学联盟，在启蒙运动时期逐渐趋于解体。但从 18 世纪末到 19 世纪初，面对冰冷的逻辑及其为世界祛魅的使命，出现了一股强有力的回潮。在音乐、绘画、舞蹈、戏剧、诗歌和散文领域，不同的浪漫主义艺术家重新强调了人类体验、感受、情绪和超然的力量，认为它们的存在不容置疑。启蒙运动的旗手是伟大的理性主义哲学家和科学家，包括休谟、洛克和笛卡儿；而浪漫主义则由画家、诗人和音乐家们的伟大作品所推动，包括贝多芬、席勒、华兹华斯、柯勒律治、拜伦和歌德。

与理性主义相对，浪漫主义更侧重于人类体验与存在的性质。在当代对待艺术与科学的态度中，启蒙运动和浪漫主义的分野被很好地延续了下来。在通常情况下，科学与事实和真相挂钩：科学家的形象往往是穿着白大褂的医生，通过冷冰冰的计算，达成对世界运作方式的客观认识。相对来说，艺术则与情感、想象力和自我表达相连：人们会把艺术家描绘成自由的灵魂，认为他们会通过风暴般的创新观点来彰显自己的能力。在教育领域，这些假设带来的影响十分深远。

## 教育的兴起

工业革命以前，几乎没有人接受过正规教育。在中世纪的欧洲，教育主要依靠教会通过所谓的文法学校（grammar school）提供。形形色色的文法学校可以追溯到古希腊，它作为一个词语在英文中最早出现的时间是1387年，当时的写法是“gramer scole”，但拉丁文中的“schola grammatica”则至少在此前200年就有人使用了。坎特伯雷国王学院自称是英格兰最古老的文法学校，它的历史可以追溯到597年圣·奥古斯丁的到来。学校本身有可能会把自己的出身追溯到此前的1 000多年前。各类文法学校亦可追溯到古希腊时代。

很多早期的文法学校是由宗教团体创办的。一些学校依附于较大的或联合的教会，另一些则由修道院主持。文法学校的目的是帮助教会教育孩子，但中世纪的教士会在许多领域展开其事业生涯。教会本身不是一个职业，但却是通往一切职业，包括律师、公务员、外交官、政客和医生等的必经之路。古代和中世纪学校的主要焦点是教授学生学习希腊文学和拉丁文学，使之能够流畅地使用这些语言，以便进入法律、政治或公务系统等职业领域。拉丁文是教会通行的国际语言，能流畅地使用拉丁文是一项重要技能。鉴于文法学校的专业职能，它们一直以来都在采用这样或那样的入学考试来挑选学生。

到15世纪末，英格兰大概有300多家文法学校，大部分都与教会有关。15世纪和16世纪，人们对宗教教义的怀疑愈发严重，许多非宗教组织也开始出于种种目的自创学校，这类学校不少都与社会行业有关。因此，各类文法学校的影响变得越来越大，学校实际教授的内容也开始出现了变化。

中世纪文法学校的课程只针对古典内容进行教育。古典式教育以7门人文学科或理科为基础:语法，即语言的形式结构;修辞，即论点的构成和演讲;辩证法，即形式逻辑；算数；几何；音乐；天文学。几个世纪以来，古典内容一直主导着教育理念,革命家的改革尝试频遭抵制。一如詹姆斯·亨明所说，学校受制于“古典错觉”，也即认为“只有受过教育的人才能阅读荷马史诗的原文”。

文艺复兴时期，一些具有开创精神的教师开始尝试放松古典内容对文法学校课程的钳制，引入了一些其他科目以及更为实用的教学方法。理查德·马卡斯特（Richard Mulcaster）是 1561—1586 年期间莫切特泰勒男校（Merchant Tailors'School）的首位校长，他努力想在文法学校中教授英文，认为这对规范英文的语法和拼写至关重要。他还力争将戏剧这一科目引入学校，他的学生们曾在多个场合为女王伊丽莎白一世表演过节目。莫切特泰勒男校的课程逐渐囊括了音乐、戏剧、舞蹈、绘画和各种体育运动，体育运动包括摔跤、击剑、射击、手球和足球。

与此同时，培根主张将历史、现代语言，尤其是科学列入学校的课程中。汤布里奇中学（Tonbridge School）的校长在 1787 年出版了一本书，他在书中指出：学校的课程应包括历史、地理、数学、法文、艺术和体育训练。在英国，直到 19 世纪中期，在古典内容之外拓宽课程的尝试都没有取得太大的进展。查尔斯·达尔文曾在舒兹伯利的寄宿学校读书，回忆起这段经历时，他说:“再没有什么能比这所学校更糟蹋我的思想的了，因为它严格奉行古典传统；除了一点点古代地理和历史，我什么也没学到。从教育手段上说，这所学校留给我的是一片空白。我这辈子都不可能再掌握任何语言了……我从这种‘古典’学习里获得的唯一乐趣是古罗马诗人贺拉斯的一些颂词，我确实非常仰慕他。”

变革的压力最终在其他地方出现了。其中，3个方面的发展重塑了公众对学校教育以及文法学校课程改革的看法。首先，科学和技术的影响力变得越来越大，它们所属领域的知识气候发生了改变。其次，工业化的迅猛发展改变了整个世界的经济格局。1851年和1862年举办的伦敦世博会，生动地说明了欧洲其他国家的工业进步正在快速发生，这场变革虽始于英国，但后来的发展出现了要反超它的迹象。最后，有关智力和学习本质的新理论正在发展。心理学这门新科学对智力及智力培养方法进行了新的阐释。这些新理论对如何培养儿童的公认假设提出了挑战，对以语法学习和形式逻辑为基础的严格的古典教育提出了质疑。

到19世纪和20世纪，古典内容的教学在中等教育里几近绝迹。学校课程用如今人们所熟悉的层次体系取代了它们空出的位置：顶部是语文、数学、科学和技术；底部是艺术和人文。詹姆斯·亨明说，到了这时候，学术错觉取代了古典错觉。

## 智商不应成为唯一选拔标准

1870年，英国政府通过了一项议会法令，对小学教育的提供进行了规定。1902年，它把注意力转向了中等教育，并开始在各郡县建立文法学校。42年后，也就是第二次世界大战最激烈的时候，英国政府通过了《1944年教育法》（*1944 Education Act*），决定向所有公民免费提供中等教育。这是一次巨大的社会进步，为数百万名从前无法接受教育的人打开了一扇新的教育之门。

这部法令是一项深谋远虑的社会工程，目的是满足战后工业经济的需求。它建立了3种学校类型：文法学校、中等现代学校和技术学校。文法学校要教育的是 20% 的顶尖人士：第二次世界大战之后英国的医生、教师、律师、会计师、公务员和管理者。政府认为这些人需要接受严谨的学术教育，这就是让他们上文法学校的原因。进入中等现代学校的人是未来的蓝领和体力工人，他们接受的是较为基础的教育，其实也就是文法学校课程的简化版。欧洲的许多国家也都采用了类似的教育制度。尽管人们付出了种种努力，试图弥合学术与职业课程之间的沟壑，但人们还是普遍认为学术课程的地位较高。

第二次世界大战之后，英国的教育规模出现了大幅度扩张，智商在整个系统中牢牢地站稳了脚跟。涌进义务教育系统的大量年轻人，必须被疏导到适合的各类学校里。智商测试便是进行这一决策的一种快捷方法。

与学术能力评估测试（Scholastic Assessment Test）一样，这类测试并没有考虑到受试者的社会背景或从前的教育机会。它们有很大的局限性。想要取得高分在很大程度上依赖的是制式的语言和逻辑运算。但是，成功不仅要依赖天生的资质，还要靠后天能够掌握的知识。尽管存在这些明显的缺陷，挑战这些测试的权威却绝非易事。当时也跟现在一样，政府和科学机构都十分支持靠智商测试来进行学校选择。人们认为它们“无可指摘，不受社会影响，是通过一些精确构想的流程，在纯科学的探究氛围下设计出来的”。

> Out of Our Minds
>
> 成功不仅依赖于天生的资质，还要依靠后天能够掌握的知识。

尽管智商测试和学术能力评估测试十分流行，左右着教育政策，但其评估的却不是学生全方位的智力，针对的只是特定的能力。它们所支持的大多数传统教育形式也一样。学校评估最常见的形式仍然是固定时长的书面考试，而高分也主要是靠对事实性信息进行良好的短期记忆（只要在考试结束前记住就行）。有些人需要努力学习好几个月才能通过这些考试，而另一些人则只用几个星期或几天就能做到。对学术怀有浓厚兴趣的学生们正面临着相当大的压力；但那些对其他事情感兴趣、拥有不同能力的人，又怎么办呢？这种模式一直持续到高等教育阶段，大学尤其如此。大部分学校都设有美术课和某些音乐课，如弹奏乐器、参加合唱团一类的；此外，体育课也包含其中。但它们通常都处在正规教育的边缘地带，如果学术成绩下降，牺牲它们也无所谓。艺术成了重要的考试"试金石"。

## OUT OF OUR MINDS | 小说和剧本到底算不算研究？

几年前，我担任过一所大学晋升委员会的委员，委员会里有大约20位来自艺术、科学和社会研究科系的教授。一般来说，大学讲师要同时从事教学、监管和研究三方面的工作，而晋升条件则必须包括在这三个方面都达到公认的水准。我是我所在科系的主管，任务是向委员会推荐晋升人选。我推荐了一位英文讲师，我认为他晋升是理所当然的。按委员会的惯例，在讨论推荐人选时，当事委员需要离开房间。我认为这无非是例行公事，溜出会议室待个几分钟就能回来。结果，我在外面等了将近半个小时：很显然，出问题了。

最后，委员会把我叫了回来。我满心期待地坐下，却听到校长说："我们对这个人存有异议，要暂缓一年。"这就是说，他们没有批准那位英文讲师的晋升。委员们本来不该质疑委员会对被推荐人所做的决定，但我真的太吃惊了。我问为什么，他们告诉我说，他的研究有问题。我没料到这一点，就问是什么问题。他们说："他做的研究太少了。"

然而，就是这位英文讲师，在接受审议期间出版了 3 部小说，其中两部拿下了英国文学奖；他还为两部电视连续剧撰写了剧本，而那两部电视剧都在英国播出过，其中一部还赢得了国家级大奖。他还在传统的研究期刊上发表过两篇讨论 19 世纪通俗小说的论文。“这些不都是研究成果吗？”我指着他的小说和剧本问。“没错，我们都觉得这很好，”一位委员指着论文说，“但我们担心的是他的研究。”“可这些也是他的研究呀。”我还是指着他的小说和剧本。说到研究成就，大多数大学指的是在学术期刊上发表论文或者出版学术著作。小说和剧本也算研究的想法，显然不曾进入过他们的讨论范畴。但这事关重大。问题不在于这些小说或者剧本够不够水准，而在于小说和剧本到底算不算研究。常识是：它们不算。但什么才算研究呢？

## 狭隘的智力

大学对研究的定义是：对新知识进行系统性的调查。所以我问那些委员会成员，小说和剧本是原创的艺术作品，在他们眼里，能不能算是一种新知识的源头？如果是的话，音乐、艺术和诗歌是否也适用于这一推断？难道知识就真的只能在研究期刊和学术论文的过程中寻求吗？这个问题非常重要，因为它关系到很多东西，尤其牵涉艺术和科学在大学以及更广义的教育领域里的地位。

在大学的艺术和科学系里，研究与其他学科之间显然存在着一点有趣的差异。如果你在物理系或化学系工作，那么你在实验室里的工作就是在“做”研究。你无须浪费自己的职业生涯去分析物理学家的生活和时代。如果你是位数学家，那么你也无须花时间去考察欧几里得的情绪波动，或者他在提出自己的理论时与姻亲们的关系。你只需要搞懂他提出的数学逻辑就行了。不过，在许多艺术系里，研究却不是这样。

大学聘请英文教授不是要让他们搞文学创作，而是要他们研究文学创作。教授们必须花费大量的时间分析作家们的生活和写作动力。教授们或许在业余时间也写写诗歌，但他们倘若在工作时间写诗可没人会感谢他们，哪怕这些诗歌能提升大学的知名度也无济于事。事实上，大学只希望他们撰写分析诗歌的论文。

创作艺术作品，通常不会被当成艺术院系里正当的智力活动：但在科学院系，比如在物理系搞物理，在化学系搞化学，这么做就算。为什么大学会认为研究小说比写小说需要的智力更高级呢？又或者说，如果学校认为写小说不算是正当的智力活动的话，又何必研究小说呢？

我之前提到过人们常常会区分所谓的学术性主题和非学术性主题。科学、数学和社会学属于学术性主题，绘画、音乐和戏剧则是非学术性主题。这种区分方法存在几个问题。其中一点是，主题这一概念认为，主题涉及的内容定义了课程所属的不同领域：科学不同于艺术，因为它们处理的是不同的内容。数学不仅仅是由命题性知识定义的，它既涵盖了命题性知识，也是概念、方法和过程的组合。音乐、绘画、地理、物理、戏剧、舞蹈等也是一样。出于上述理由，我喜欢“科目”甚于“主题”。

科目的概念，还扩展了跨学科研究的空间。这是因为，科目在不断变化演进。基于这一现状，语言学家詹姆斯·布里顿（James Britton）这样说，“分类会给我们招来风险。实验显示，哪怕是分类员之手最轻微的触摸，也能诱使我们认为同属一类者有着超出实际的相似性，而来自不同门类下的物体则有超出实际的更大差异。当我们处理一些实质性更强的事情时，这些误判还可能不断发展”。

科目之间正不断地融合、重组、杂交，孕育出新的后代。在我就职过的上一所大学，我参加过一次教授委员会会议，委员们是从大学里不同科系的所有教授里选拔出来的。化学系教授提议说，大学应该设立“化学生物学”的新教职。其他委员会成员审慎地点了头，正准备讨论后面的主题，生物学系的教授又站出来说，大学应该设立的是“生物化学”的教职才对。一如布里顿所说，我们对知识的分门别类，充其量只能做到“姑且如此”。

第二点假设是，有些主题是学术性的，有些不是。实情并非如此。所有的议题都可以从学术的观点来考量，也可以从其他角度来考量。大学教育着眼于命题性知识和“逻辑 - 演绎”推理。学术界可以通过学术研究的框架看待一切：植物、书籍、天气系统、粒子、化学反应或诗歌。而区分学术工作的则是工作模式，而非工作主题。学术智力的优越性假定，显然来自学历的传统结构。传统大学用学位来奖励学术成就，而其他机构则用毕业证书或同等学力来奖励。

在传统的学历结构中，如果你想从事艺术、绘画或雕塑方面的工作，那么你应该进入艺术学院，凭借努力获取文凭；如果你想获得艺术方面的学位，则必须去大学学习艺术史。不过，你在大学里无须创作艺术，只要进行研究就行了。类似的，如果你想演奏音乐，做一位音乐家，那么你就得去音乐学院拿文凭；如果你想获得音乐学位，则必须去大学撰写有关音乐的论文。不过，这些区别正日渐融为一体，艺术院校现在也会为学生提供学位，而大学艺术院系也开始教授实用课程。即便如此，在一些文化领域和体制下，艺术实践工作应被授予学位的观点仍然遭受着抵制。

## 改变观念

现代世界观依然由取代中世纪精神的意识形态所主导，也就是理性、客观和命题性知识的意识形态。这些观点限定了我们的态度和理论，就如同神话和迷信支撑着中世纪天文学家煞费苦心进行的运算一样。意识形态为他们的问题提供了框架，我们的也一样。我们常常会问："如何才能衡量智力？"但这一问题假设的前提是，智力是可以量化的。我们会问："如何才能提高学术水平，同时又不会怀疑它们能否为我们的生存提供所需的东西呢？"我们会问："要去哪里寻找有才华的人呢？"但我们往往忽视了周围人身上的才华。

我们虽四处环顾，却对之视而不见，因为传统的常识性能力评估让我们分心了，使我们看不到真正存在的东西。虽然我们会问："如何才能提高创造力和创新能力呢？"但我们却在现实中扼杀了最有可能促成此事的过程和条件。我们深陷于陈旧的世界观，继续依赖于大众教育的两大支柱，哪怕所有证据都在表明：这套系统辜负了太多太多人。

智力的流行概念狭隘得到了危险的程度，其他智力能力不是遭到忽视，就是受到低估。尽管各方努力倡导学术课程和职业课程之间的平等地位，大众仍然秉持着"学术项目的地位更高"的态度。然而，人类智力远比工业化或学术化教育教给我们的内容要丰富得多。理解人类方方面面的智力和潜力，是理解创造力的真正本质的关键。要面向未来，我们必须透过学术错觉看到人的真正能力，使其中的不同元素相互促进，而非彼此妨碍。但这些能力到底是什么呢？我们又该如何将它们释放出来呢？

> Out of Our Minds
>
> 人类智力远比工业化或学术化教育教给我们的内容要丰富得多。

许多学校都只教育学生腰部以上的部分，只关注他们的脑袋，尤其是左半脑。从某种意义上说，这样做是“脱离身体”的，往往是把身体看成了承载脑袋的运输工具。

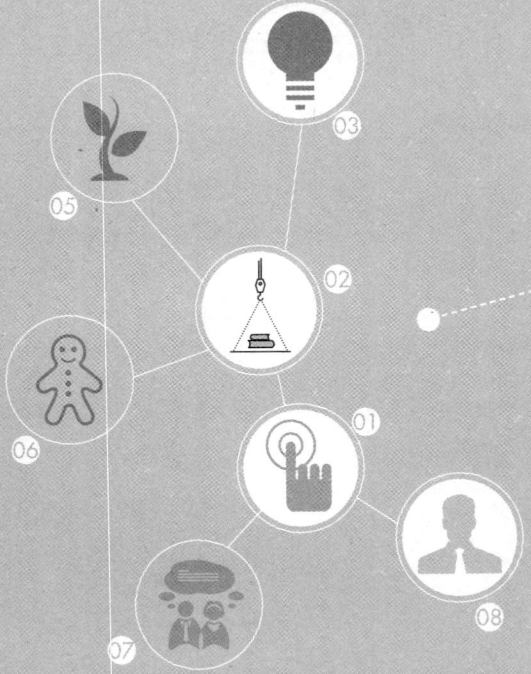

# OUT OF OUR MINDS

# 04 认识我们的大脑和智力

The Power of Being Creative

Out of Our Minds

较之以往，如今的人类社群更依赖于多样化的才干，而非单独的一种能力。

## 失聪的音乐家

利兹·瓦洛（Liz Varlow）是伦敦交响乐团的中提琴演奏家，弗林克奖（Frink Award）得主。她出生在英格兰伯明翰，并于8岁时开始演奏小提琴。她曾两次获得英国皇家音乐学院的奖学金，赢得过无数奖项。资深音乐人都说她是位非常杰出的音乐家，她的音乐敏感性达到了最高水平。但没有人能想到，她有着严重的失聪。她的听力自16岁时就开始恶化；19岁时，她彻底丧失了听力，病因却始终是个谜。尽管如此，她却一直保持着优秀职业音乐家的能力。那么，没有听力她是怎么进行演奏的？

“人们是怎么演奏的？”瓦洛说，“我知道怎么演奏会发出声响，也知道我演奏出的是什么声响。听力‘正常’的演奏者也是这么做的。他们演奏出声响，用听力去校验。如果音调不对，懊悔也来不及。而靠着精确的听觉记忆、扎实的技术和良好的幽默感，我能够应对一切专业情况。所以，失聪只不过是个小小的缺憾罢了。”

伊芙莲·格妮（Evelyn Glennie）是世界上成就最高的打击乐手之一。她在世界各地都举办过演奏会，在公众中广受好评。她的CD售卖出了数百万张，还赢得过专业乐评机构颁发的各种奖项，包括年度最佳音乐家大奖。世界各地都曾邀请她主持音乐大师进修班。她同样也患有失聪。在12岁刚开始培养自己的音乐能力时，她的耳聋问题就已经很严重了。尽管失去了大多数人眼里培养音乐才能的关键知觉，但她还是锲而不舍地朝着这个方向发展。

以上这些例子明显违背了通常的逻辑：失聪者怎么能成为优秀的音乐家呢？利兹·瓦洛和伊芙莲·格妮的成就，证明了人类思维的非凡灵活性和无限潜力。正是这些素质，为人类独特的创造力和创新能力奠定了基础。

## 物质与精神的双重世界

现代哲学的一个基础观念是：我们生活在两个不同的世界中。一个世界不会因你的意志而转移，即由物质、事件和他人组成的世界。这个世界在你出生之前就存在，不出意外的话，你过世之后它仍然会存在。此外，还有一个只因为你的意志而转移的世界，即由你的个人意识、感受和知觉所构成的世界。一如心理学家莱恩（R.D. Laing）所指出的，“你的世界只有一组足迹”，你的世界从你出生之时开始形成，在你死后走向终结。我们与他人共同拥有第一个世界；但第二个世界，我们不会与任何人共享。意识到你的世界和整个世界之间的区别，是个人身份认同的一个重要发展阶段。我们是怎样学会像现在这样看待外部世界的？我们怎么知道它是真的存在，而不是由我们的思维所虚构出来的？我们是如何从自己的思维中跳出来的？

## 内部世界与外部世界

启蒙时代的一些哲学家担心，外部世界并不真的像它看上去的样子，甚至根本就不存在，其中最有名的一位是热心的贝克莱主教。他坚持的唯心主义理论认为，整个世界或许只是上帝思维里的一个精心的构想。大才子塞缪尔·约翰逊还拿这套理论开起了玩笑。主教的一位支持者批评了约翰逊对唯心主义的断然否定，并认定贝克莱主教的理论“无可反驳”。约翰逊转过身，踢了一块大石头一脚说：“我就是这样反驳的。”在约翰逊和其他人看来，就算是唯心主义哲学家也活在世界上，哪怕他们对世界的存在并不确定，也得买东西。

外部世界可能是一种假象，但出于方便，我们可以假设它不是：我们只是简单地接受我们所看到的人和事物，而且它们也还是会以同样的方式展现在所有人面前。不管哲学家觉得这些问题有多么诱人，除非我们认定它们是问题，它们才会是。大多数时候，我们就是依靠这种所谓的“自然态度”（natural attitude）过着自己的小日子。

在一些 17 ~ 18 世纪的哲学家们忙着破坏公众对物质世界的信心的时候，一种新型科学家却着手把它纳入了我们的控制范畴。一如伯特兰·罗素所说，科学观点不是对哲学怀疑的否定，它更多的是一种说明，即在日常生活中，我们认为是确定无疑的许多东西，一旦仔细推敲，就会发现其中充满了明显的矛盾。那么，我们该如何弥合这两个世界之间的差距呢？

## 意识和大脑

如今，人们理所当然地认为，意识和大脑是密切相关的。但这是一个相对较新的概念。在古代的人们看来，两者之间的关系其实很牵强。大脑是个没出息的玩意儿：它是一个没有活动部位的肉疙瘩，远离人体其他部位，被关在头骨的牢笼里。正常人的大脑差不多只有甜瓜那么大，样子像核桃。上侧可以被分为两半，表面有错综复杂的褶皱，这是大脑皮层，也叫新脑。人们认为它可以被分为 4 个部分：顶叶、额叶、枕叶和颞叶。一根被称为胼胝体的神经纤维连接着两个半球。大脑下面通往背部的部分，有一个较小的菜花形区域，叫作小脑，它所在的部位被称为旧脑。脑干从小脑延伸出来，与脊髓相连。

现在，将我们与大脑联系起来的思维功能，在古代被解剖学家看来是心脏和肺部的功能。他们认为大脑是灵魂的家园，肉体死亡后，灵魂会经历转世。如若不然，大脑就没有什么功能了。中世纪解剖学家得出的结论是，大脑在现世的生活里也有实际作用。随着解剖学越来越成熟，他们逐渐发现，连接大脑和身体其余部分的是脊髓和神经系统。但关于构成实体大脑的凝滞灰色物质，与构成人类意识的充满活力的思想、感情和欲望之间有着怎样的关系，以及这种关系的实质又是什么的辩论仍然非常激烈。意识和大脑之间存在联系是很容易确定的：移除大脑，意识就会戛然而止。但有关有意识的思维是怎样从物质的大脑中滋生出来的，则尚未有定论。一个甜瓜般大小的肉球是怎样产生了牛顿的见解、莫扎特的音乐、玛莎·格莱姆的舞蹈、莎士比亚的诗歌和甘地的精神渴望的？我们又该如何解释这种所谓的“机器里的幽灵”？

思维和意识之间有一个常识性的区别。从某种意义上说，当你睡觉时，意识就会消失；当你醒来，对周围有了察觉时，意识就会恢复。意识还有另一个含义，即理解。正是在这个意义上，我们会说："对问题产生了意识。"婴儿天生就有大脑，随着成长，他们不断总结、反思自己的经历，这才发展出思维。

大脑除了能进行有意识的思考外，还可以进行很多思维活动。大脑的相当一部分活动是在有意识的思考之外进行的。它的大量工作属于身体自动功能内部的无声通信：与身体中的新陈代谢、腺体功能以及味觉、嗅觉、触觉、视觉、听觉等复杂感知的无意识过程进行通信。有意识的思考仅占大脑任一时刻所做工作的一小部分。虽然思维与大脑的关系至今仍然是个谜，但对于大脑的各部分在做什么以及彼此之间又有怎样的联系，我们已经了解到了比从前多得多的内涵。

## 人类智力的多样性、动态性和独特性

大多数人类大脑在外观上都很类似，而大多数头骨也都有着大致相同的形状。但如果我们仔细观察，就可以发现不同头骨中的坑洼和空洞都各不相同，而在形状和大小上也存有个体差异。18 世纪，奥地利科学家弗朗兹·高尔（Franz Gall）研究了数百个死人的大脑，试图将大脑的形状与主人的个性匹配起来。基于这些观察，他提出了一套有关个性、大脑形状和头骨上坑洼模式的详尽理论，名为"颅相学"（phrenology）。高尔确认了 32 种与头骨不同坑洼模式相关的性格。颅相学家们相信，特定的功能，如语言能力，与大脑不同区域有着直接联系。不过后来，高尔的颅相学推断就被更审慎的大脑研究淘汰了。19 世纪科学家们对脑损伤人士的研究还表明，特定大脑功能存在于专属位置的看法具有误导性。

现代研究指出，大脑的功能比初始理论所想的要复杂得多。数代科学家在实验室的桌子上摆弄死掉的大脑，得出对大脑的认识，这种方法的局限性显而易见。过去 30 年，在各种大脑扫描技术的推动下，活体大脑研究有了长足的进步。这些技术可以跟踪大脑在进行不同活动时的静电活动及血流量模式。如今，科学家们对大脑的总体功能有了更多的认识，如不同的活动，包括说话、脸部识别、听音乐或做数学等，用到了哪些部位，这些部位又是怎样组合的。神经科学正使用纳米技术，从分子层面探索大脑活动，包括神经突触上电荷的传输。这些研究为心理学、药物研发、疼痛治疗等带来了新的方法。它们还为理解创造力提供了 3 个关键的主题，即人类智力的高度多样性、动态性和独特性。

## 多样性

启蒙时代哲学家的观点是，对世界的认识只能来自系统的逻辑和感官的实证证据。这种方法是常识成立的佐证。但在实践中，其他因素也应被全面地考虑其中。

世界远比我们看到的、比我们感官察知到的要丰富。我们看到的并不是世界本来的样子，而是特定感官呈现给我们的样子。感官的性质决定了我们的感知领域：也就是我们能够感知到些什么以及怎样感知。我们生活在一个丰富的感官世界中，各种景象、声音、气味、温度和质地包围着我们，但我们却只能感知其中的一部分。我们像现在这样体验这个世界，一部分原因在于身体构建的方式如此——我们是人类，我们的身高一般是 1.6 米左右，我们直立行走，我们的身体大致对称。在不受保护的条件下，我们的身体只能承受极小的热量变化。我们拥有至少 9 种感觉：视觉、味觉、触觉、听觉、嗅觉、平衡感、方向感、疼痛感和温度感。我们的眼睛位于头部前方，双眼同时视物。我们可以看到波长在400纳米（深紫，超出此极值就是紫外线）到770纳米（深红，超出此极值就是红外线）之间的光。我们的耳朵通常能听到20HZ～15 000HZ范围内的声音。感官是信息在外部世界和人类意识之间往来的通道。如果这些通道发生变化，其他类型的信息得以通过它们往来，那么我们对外部世界的看法也会由此发生很大的变化。

其他动物有着与我们不同且往往更为敏感的感官，因此，它们也生活在与我们非常不同的感官世界中。一些哺乳动物，比如蝙蝠，可以察觉到远远高于15 000HZ的超声波频率。有些动物和鸟类则可以察觉到次声波或低频声音。鸽子可以察觉到低至0.1HZ的声音；而大象则会用低至1HZ的声音沟通。由此得出的结论是，尽管以上这几种动物生活在完全相同的物理环境中，但对环境中所发生的事情，却可能有着完全不同的看法。再比较一下同为海洋生物的海马和虎鲸：它们居住在相同的海洋环境里，却有着完全不同的感官世界。它们的相对体格和实力是其中一个因素，但最重要的是：它们还拥有完全不同的感知能力。如果你能听到蝙蝠听得见的声音，像猫那样看世界，拥有狗一般的嗅觉，能听见特殊的声音、在水下呼吸或飞行，那么你对世界的看法也会发生巨大的变化。

我们的生理结构决定了我们所能感知的世界，但也有一些其他因素影响着我们实际感知到的事物。人类的智力发展不仅是一个感知的过程，还是一个选择的过程。如果不加选择，信息就会一股脑地涌进来，像收音机调到了开放频率一样。当你看着房间、景观和街道时，你并不会对感知范围里的每一样东西都给予同样的关注。相反，你会注意一些事情，同时忽略另一些事情。站在同一条街道上的两个人，有可能正以完全不同的方式感知着这条街道：交通督导员可能会看到满大街都是不遵守交通规则的人；擦玻璃的工人则可能会认为这条街上到处都是工作机会。如果你驾驶着一辆黄色汽车，或许会觉得黄色汽车到处都是。

感官、身体和大脑的构成方式，深深地影响着我们的思考对象。不仅如此，它还会影响我们的思考方式。这再次提醒我们要当心理性主义的思考方法，因为它往往会把思维与身体分离开来：这种现象叫作“笛卡儿式二元论”。理性主义的知识观强调思维的“逻辑-演绎”能力。尽管它本身看起来很合理，但除了这些特定的力量之外，意识实际上还拥有更多的内容。大脑是人体所有生理状态和过程进行交互的有机整体。身体状况和欲望都会极大地影响我们的思维状态。

学术生活往往会否认身体的其他部分。许多学校都只教育学生腰部以上的部分，只关注他们的脑袋，尤其是左半脑。左半脑是许多职业学者赖以生存的宝库。从某种意义上说，他们是“脱离身体”的。他们往往把身体看成承载脑袋的运输工具：运载着脑袋去参加会议。如果你想寻找“灵魂出窍”的证据，不妨去参加资深学者主办的家庭舞会，并一直待到深夜。到了那儿，你就会看到：一群成年男女不受控制地扭动着，完全踩不准拍子。挨到舞曲结束，他们就回家写论文去了。

相比之下，舞者们的思维则会在身体里欢腾，那是因为他们的知识和表达形式只能通过身体的律动来体现。我曾是英格兰伯明翰皇家芭蕾舞团的董事，有幸观看过职业舞蹈家们的工作方式。芭蕾以及所有形式的专业舞蹈，在严谨度和精确性上都会让人心存敬畏。我之前说过，舞蹈在学校里的地位与数学及其他学科根本没法比，但舞蹈能表达出其他形式所无法表达的概念和感受。玛莎·格莱姆就曾说过，舞蹈是灵魂的无形之语。

我们不能对智力达成一致的定义，但在这里，我们或许都赞同：智力包括了以清晰的方式阐明和表达我们思想的能力。我们可以用文字和数字做到这一点，也可以用形象的方式表现出来：我们可以用声音、动作和各种不同模式互动的方式来思考。音乐家们或许并不支持最好是诉诸文字的理念，他们另有一套音乐理念，是用文字可能无法表达的。视觉艺术家用视觉思考，相应的，他们拥有的就是视觉理念。

智力还包括有效地参与生活挑战的能力。发展心理学家霍华德·加德纳（Howard Gardner）①以多元智能理论闻名，他对智力的定义是：在特定背景下培养出的解决问题的能力。他举了个例子，太平洋加罗林群岛上一个名叫普鲁瓦特的少年，12 岁时由村里的长老选中学习做水手："在航海师傅们的指点下，他将学会辨星定位等航海知识，并将之与地理知识结合起来，在数百座岛屿间找到通路。又或者以 14 岁的巴黎少年为例，他学会了如何使用电脑编程，开始用合成器来创作音乐。"加德纳说，稍微琢磨一下就能看出，这些人都在"极具挑战性的领域里表现出了很高的能力，依照任何对'智力'一词的合理定义，都应该称之为智力行为"。加德纳认为，每个人至少拥有 7 种不同类型的智力。在后来的研究中，他也承认还有其他类型的智力。

之前，我提到自己对高智商人士俱乐部门萨持保留态度。对于擅长且喜欢智商测试的人居然有个组织，我并不介意。我对组建俱乐部和协会也完全支持。拥有共同兴趣的人聚在一起，受益于彼此的激情，这很好。现实生活中有着各种各样的俱乐部：烹饪、象棋、田径、政治、集邮、养犬、天文，

① 当今最具影响力的发展心理学家和教育学家，多元智能理论创始人。其阐述多元智能理论的著作《智能的结构》《多元智能新视野》《领导智慧》等已由湛庐文化策划，分别由浙江人民出版社及中国人民大学出版社出版。——编者注

应有尽有，有个智商俱乐部也是理所当然的事。我只是对门萨的品牌经营有点想不明白，因为它说自己是全世界最聪明人士的俱乐部。真的是这样吗？如果真有这样一个俱乐部，毫无疑问，我们都希望能成为其中的一员。

但是，申请表里不是还应该有些其他问题吗？比方说，你能编写一支交响曲吗？你能在交响乐团里演奏吗？你能经营一家成功的企业吗？你能写出催人泪下的诗歌吗？你能编舞或者跳出能表达人类天性的舞蹈吗？所有这些都是人类智力天然多样性的例子，也是我们投入彼此、投入周遭世界诸多途径的例子。难道它们就不应该被包含在智力的概念里吗？难道擅长这些事情的人，就不应受到号称要歌颂人类最高智力水平的门萨俱乐部的欢迎吗？

关键在于，智力是多方面的，它丰富、复杂且高度多样化。人类智力包括学术能力和智商这两个传统概念，但又远远超出了它们。这就是为什么世界会充满音乐、科技、美术、舞蹈、建筑、商业、实用科学、情感、人际关系和真正实用的发明的原因。

## 动态性

美国科学家罗杰·斯佩里（Roger Sperry）曾因对大脑结构和功能的开创性研究，获得了诺贝尔奖。20 世纪 50 年代，他对大脑左右半球因胼胝体切断而分离独立运作的人进行了一系列巧妙的实验。我猜，他们是先做了半脑切断手术，之后才答应帮助斯佩里的，而不是反过来。要不然，这些患者对大脑的好奇心真是比我还强。斯佩里发现，割裂脑患者能够同时完成两项互不相关的任务，比如一只手画图，另一只手写字。大脑的两个半球有着互补但并不相同的功能。大脑的左侧主要参与包括语言和数学在内的逻辑程序；而大脑的右侧则更侧重于整体操作，如面部识别和空间定位。

这项研究吸引了广泛的关注，尤其是在教育界。人们提出，大脑在生理结构上对应着西欧文化的两大传统。左脑似乎与启蒙时代的“逻辑 - 演绎”分析能力和科学方法有关；而右脑则与浪漫主义的美、直觉和灵性相关。教育改革家们很快就指出，学术教育体系几乎完全占领了人类的左脑。詹姆斯 · 亨明得出了一个惊人的结论。他说，学术课程会完全通过左脑活动教育人，而这就像是训练人赛跑，却只锻炼他的一条腿而不管他另一条腿上的肌肉正逐渐萎缩一样。还有一些人离题更远。我记得自己曾读过一篇文章，那位作者对这项研究的意义似懂非懂。她说自己写了一首无韵诗，因为她只用了自己大脑的右半侧。但这个说法暴露出的是：她两边脑子都没用上。这里的要点是：两个半球根本不可能分开运作，而是要一起运作。

卡尔 · 萨根（Carl Sagan）准确地理解了这一点。他说：“不交由左脑审查，我们就无法判断‘右脑提取的规律是真实的，还是想象出来的’。”另一方面，“没有创造力和直觉感悟，没有对新规律的寻找，光是树立批判性思维也是徒劳无功、注定失败的。在不断变化的环境中，为解决复杂的问题，大脑的两个半球需同时进行活动。未来的规律来自连接左右半脑的胼胝体”。

大脑扫描技术揭示了大脑会根据人体正在进行的活动激活特定的部位，哪怕是最简单的活动，也需要大脑不同区域的通力协作。大脑的不同区域与特定的心智功能有着紧密的联系，但同时也会参与其他过程。脑损伤带来的后果就是这一观点强有力的佐证。右额叶重点负责音乐，如果受到损伤，人们在音乐上的能力就会遭到削弱。但如果你把这部分大脑切除掉，拿在手里，它也并不会哼出歌曲，它的正常运转需要依靠与大脑及身体其余部分保持连接。言语是大脑活动模式存在极大差异的一个有趣例子：人们在不会说话时，大脑会以一种方式配置；而人们在用襁褓期之后学会的第二语言说话时，大脑则会采用另一种方式配置。

我们一直在持续地体验着智力的这种波动。言语通常会伴随着肢体动作、面部表情和姿势的大合奏。舞蹈似乎是智力典型的动觉形式，但编舞者在设计舞蹈时，会以极大的热情关注视觉设计和音乐的表现力，很多时候还包括数学般的节奏和精确度。对观众来说，舞蹈是一种视觉艺术。数学似乎完全是抽象的，但数学家又经常应用形象化的思维方式。

## OUT OF OUR MINDS | 神奇的珠算

记得有一个周末，我旁听了中国香港的一位老师上的数学补习课。听课学生的年龄在 8～12 岁之间，每人桌上都摆着一个算盘。老师让他们做算数：1 289 × 13 822；22 348 ÷ 4 019。他刚把数字念完，学生们的胳膊就密密麻麻地举了起来。而且，每个孩子都算出了正确答案！学生们计算时只用了算盘，他们拨动算盘珠子的速度堪比光速。为了进行比较，这位老师还安排了一个男孩在一旁使用电子计算器。但是，他每一回都输！接下来，这位老师让学生们把算盘放到一边来做算数。答案仍然很快就被算出来了，而且总是比用计算器的男孩更快。很明显，这些学生已经把运算过程内化了，他们用思维的语言想象着算盘，并准确无误地“看”到了答案。

研究表明，在学习说话的过程中，语言、歌曲和音乐之间有着极强的关联。脑成像技术提供了有力的证据，其表明大脑中与音乐及语言相关的区域基本上是重叠的。而且，按加利福尼亚大学心理学教授戴安娜 · 多伊奇（Diana Deutsch）教授的说法，“母语影响着人们感受音乐的方式。根据听众成长时学到的语言，由相同序列排列出来的音符听起来有可能会让人产生不一样的感受”。如果人的母语是包括汉语普通话在内的声调语言，那么其拥有绝对音高的可能性就会比西方人高一些。在一项研究中，92% 说普通话的人在刚开始上音乐课或者 5 岁前就会拥有绝对音高，而在说英文且接受类似程度音乐训练的人里，只有 8% 的人拥有绝对音高。

研究还表明，婴儿在出生时就已经熟悉了妈妈的语调。从分娩之初放置在子宫内部的录音可以发现，母亲发出的声音可以被大声地听到，“不过，母体的生理组织已经过滤了到达婴儿的语句，所以清脆的高频率（承载着大部分对确认词语意义而言十分重要的信息）是无声的，而言语的音乐特征，即它的音高曲线、响度变化、节奏和韵律模式，却被很好地保留了下来”。除了塑造母亲与孩子的最初联系，早期接触音乐性言语还有可能会拉开学习说话的序幕。根据多伊奇的研究，婴儿出生后，言语的旋律也在母亲和孩子之间的沟通中起到了非常重要的作用。父母对婴儿说话时，会使用夸张的言语模式，也叫“妈妈语”（motherese）。在不同的语言中，“妈妈语”也存在较大的差异。

有关大脑整体功能最不寻常的证据，或许来自那些没有正常感官能力的人。伊芙莲 · 格妮和利兹 · 瓦洛的非凡成就说明了人类智力的整体性和动态化运作。伊芙莲 · 格妮的做法是让自己全身心地感受音乐：她光着脚演奏，以超越了普通感官知觉概念的方式，通过身体感知音乐的模式、震动和节律。从这个意义上说，思维本身就可以比作一支交响乐队，它的整体远大于部分之和。思维由许多专用元素构成，但只有在这些元素协同运作的时候，它才能正常发挥功能。

大脑不是机械的物体，而是有机的整体；思维不是计算器，而是有意识的动态过程。创造过程不是位于身体某个部位的单一能力。只有“思”和“在”的不同方式相互作用，才能觅得活力之源。

## 独特性

玛莎·格莱姆曾说：“活力、生命力、能量和振奋力，通过你变成了行动；而又因为无论何时何地都只有一个你，所以这种表达是独一无二的。如果你阻碍它，它不会通过其他媒介延续下来，只会白白地损失掉。”

我曾有幸跟罗伯特·科汉（Robert Cohan）共事过，他是玛莎·格莱姆的合伙人，也是伦敦现代舞学校（London School of Contemporary Dance）的创始人。我问他投身现代舞的原因，他给我讲了一个意味深长的故事。

20 世纪 50 年代初，科汉从军队退伍，住在纽约。他一直喜欢跳舞，也接受过传统训练。一位朋友告诉他，市中心有个女人办了个舞蹈班，兴许他会感兴趣。他去了，人生也随之发生了改变。在跟着玛莎·格莱姆上了第一堂时长为 3 小时的舞蹈课后，他的身体几乎无法控制地颤抖着。凭借着玛莎·格莱姆的方法和舞蹈形式，科汉在自己身上发现了毋庸置疑的能力。与玛莎·格莱姆的相识，让他找到了自己，他还帮助玛莎·格莱姆最终创建起了现代舞的世界，也把自己的艺术生命挥洒于此。科汉后来成了玛莎·格莱姆在舞蹈方面的主要合作伙伴，于 20 世纪七八十年代在伦敦现代舞学校担任校长，并将其教学方法推广到了欧洲其他地方。

科汉在舞蹈领域的有趣经历，揭示了一个更为普遍性的观点，即我们每个人都是历史中独一无二的存在，是由基因遗传、经历、构成我们独有意识的思想和感受组合而成的独特混合体，只是每个人的表现形式不同。我们每个人天生就具有卓越的能力，只不过形式各有不同。那这是不是说世界上不存在谁比其他人更聪明呢？当然不是。有些人在许多领域，比如音乐、数学、逻辑推理、形象思维等方面都有很强的能力。通常情况下，我们认为这种人就是博学多才的。但在一个领域中拥有很高的能力，并不意味着其在其他领域里也一样出类拔萃，正如天才的数学家不一定是天才的画家；而天才的诗人也不一定有舞蹈天赋。因此，我们不能光凭某人拥有很高的学术能力，就说他比有着同样高音乐或舞蹈能力的人更聪明。我们不应该生硬地按照有没有学术能力对人进行分类，认为某个人学术能力高，就比某个更精通音律或擅长跳舞的人更聪明。除了学术，人还有更多的内涵。这种观点并不是反对发展学术能力，而是要支持对智力概念进行延展，使之包括学术能力以外的更多内容。

由于教育专注于学术智力和学科等级，许多人都被迫离开了由自身天赋指引的道路。学术和职业课程之间的划分，以及认为从事实践工作、学习一门手艺比修读学位更低级的想法，最明显地体现了这一点。然而，修建大楼、为房屋布线、安装管道系统、种植作物、让事情顺利进行、提供切实的服务、等工作确确实实跟许多人产生了共鸣，所有这些技能都为人类的生活和可持续发展奠定了基础。有时候，哪怕按字面意思来理解它也是成立的。

## OUT OF OUR MINDS “我要当消防员！”

几年前，我到旧金山出席一场图书签售活动。有个人排在队伍里，三十五六岁的样子，我问他以什么为生，他说自己是消防员。我问他是什么时候决定当消防员的，他说自己从小就想当消防员。“真的，”他说，“小学时这是个问题，因为那时人人都想当消防员。但我是真的想当消防员，长大之后，我迫不及待地离开了学校，加入了消防队。”他接着说，读高三时，一位老师在班上问，毕业之后大家打算做什么。几乎所有的人都准备读大学，他却说：“我想申请加入消防队。”老师对他说，他犯了个很大的错误，他在学习上很有天赋，拥有光明的未来，而如果他加入消防队的话，那就是在浪费生命。这位消防员说，那一刻他感到十分尴尬，而且觉得在朋友们面前受到了侮辱，不过他还是毅然决然地执行着自己的计划，并成功加入了消防队。之后，他都很爱这份工作。

“你提起这事儿，倒让我想起了那位老师，因为半年前我救了他的命。他出了车祸，正好赶上我出勤。我把他从车里拉了出来，给他做了心脏复苏，并救活了他。我还救了他的妻子，”那位年轻人说，“我想，现在他对我的看法总应该改变了吧！”

## 音乐与智力

狭隘能力观的后果之一是，人们对身体缺陷的定位范围变得更广了。一旦传统的沟通形式受到限制，那么识别潜在能力就成为最重要的事情。几年前，我参加了一次关于艺术与残障的研究，主持者是电影导演理查德·阿滕伯勒爵士（Sir Richard Attenborough），出资方则是卡内基基金会。这项研究展示了残障人士的艺术能力，并主张极大地提高拨备[①]。有些残障人士在传统的表达形式方面有障碍，比如书写能力、说话能力、听力或视力。很多时候，他们因残障被贴上了标签：人们认为他们不是“有残疾的人”，而是“残疾人”。有明显生理或其他形式缺陷的人，事实上往往拥有许多其他能力，只是这些

① 拨备，指进行财政核算时，估计投资出现亏损时所预留出的准备资金。——编者注

能力可能被人们忽视了，或尚未被发现。他们真正的力量和身份认同，说不定恰好在这些尚未开拓的天赋领域。

## OUT OF OUR MINDS 触摸声音

菲尔·埃利斯博士（Dr. Phil Ellis）曾在英国桑德兰大学构思并主持了一场独特的音乐教育研究活动——“触摸声音”（Touching Sound），旨在探索一种新的方法，用声音治疗患有严重学习障碍（SLD）、有极度和多重学习困难（PMLD）的儿童。研究主要是把低强度的激光束和另一些技术与声音合成器连接起来，孩子触摸光束，就能自动生成声音。哪怕是小至眨眼这样的动作，也能触发传感器。而那些拥有深刻而复杂需求的人，也能体验到音乐和视觉的现场控制力。

该项目适用于一些动作严重受限的孩子，他们的身体中只有少数肌肉能够动弹，甚至只能动动眼皮。活动自如的人理所当然地具备影响环境、将自己的想法和感受外化表达的能力；而行动不便、失去肌肉控制力的人，则可能一辈子都需要别人帮助自己，同时又在自我表达方面存在着严重的障碍。而“触摸声音”则让这些人拥有了影响环境和表达自我的可能。由此而来的解放感非常明显，而其产生的影响也可能会极其巨大。一如项目团队成员玛丽·瓦茨（Marie Watts）所说：“这次研究让人得以控制环境，这次研究的核心就是控制和授权。这项技术还能激励护理人员，因为有了它，护理员就能得到患者们给予的即时反馈。”

德里克·巴拉维契尼（Derek Paravicini）1979 年出生于英国，他在母体里只待了 25 周，是早产儿，出生时的体重仅为 0.7 千克。他失明、自闭，但有着惊人的音乐天赋。研究人员认为，失明是他在新生儿重症监护病房里吸入氧气所致。这一治疗还影响了他的大脑发育，让他产生了严重的学习障碍。德里克拥有很强的乐感，最多可一次性识别 20 个音符。任何一支曲子，只要听过一次就会演奏。而且，他还可以在各种音乐家的风格里无缝切换。如果要他临时改为爵士钢琴大师奥斯卡·彼得森( Oscar Peterson )的演奏风格，那他也能游刃有余，自然地弹奏起电影《音乐之声》( *The Sound of Music* )里的著名曲目《我的最爱》( *My Favorite Things* )。“就像他脑袋里有个曲谱和音乐风格库似的，”德里克的老师亚当·奥克尔福德（Adam Ockelford）说，“他只要瞟一眼曲谱，就能把它们融合在一起，跟爆炸一样。”为什么德里克的手指能成就这样的奇迹，却不会扣扣子、解扣子、拉拉链？没人知道答案。如果你问他现在多大年纪，他也不知道。

德里克在襁褓里时就开始弹钢琴了，那时候，保姆给了他一个旧键盘。德里克父亲说：“有一天，我女儿突然说‘他刚刚弹了我们今天上午在教堂里听到的一首赞美诗’。”那时德里克才 3 岁。他不知道，因为他看不到，也没有人告诉过他钢琴要用手指弹。所以，他用过手掌、用过胳膊肘，甚至还拿鼻子弹过。起初，德里克拒绝奥克尔福德的所有教学尝试。但没过多久，德里克似乎理解了。“这不是有人想拿走他的宝贝钢琴，只是有人试图跟他建立联系而已。我想，他一定是突然意识到，自己可以用声音进行对话。也就在突然之间，他顿悟了。”奥克尔福德继续解释说：“从这一片混乱中，他这样一个孩子，虽然不理解太多的语言，但突然意识到这里有一种他可以控制、弹奏、对话的语言。我们通常用文字所做的事情，他却用音符来做。”

德里克的进步十分惊人。经过 3 年的日常训练，他终于收到了一场大型慈善筹款音乐会的邀请。在那里，奥克尔福德第一次看到：德里克因表演而感到快乐，为感受到人群的喜爱而快乐。德里克兴奋、得意地颤抖着，从那以后他一直在演奏，在爵士音乐厅，在各种公益场所，在教堂，他用大多数音乐家所采取的方式与观众发生着联系：接受请求，做一些小小的调整。他会先让一位观众选首歌，让另一位观众选择音高，再让第三位观众选择曲风。在一次活动上，德里克尝试了拉格泰姆曲风（ragtime，早期爵士乐风格之一，以变化无常的切分音符为特点），并以 B 大调演奏《当你走开就没有阳光》（*Ain't No Sunshine*，本身是蓝调灵魂乐曲风）。他演奏得非常完美。“这就像同时有 3 台电脑在运转，你可以不假思索地把它们直接放在一起一样，”奥克尔福德评论说，“有时候，他会在音乐上玩些小花招。你可以看到小小的火花。我觉得，他对自己想出的花招挺得意的。”

学者综合症患者，指的是在某一领域表现出非凡能力，但其他领域的能力却又低于平均水平的人。虽然人们认为自闭症是德里克非凡音乐才华的源泉，但失明可能也起到了一部分作用。因为德里克看不见，所以他大脑里通常用于视觉和光检测的部分，就可以用来发展额外的听觉能力。还有些学者综合症患者在绘画、记忆和数学运算方面表现出了异乎寻常的能力。当事人全都表现出了远远超出正常预期的特殊技能，同时其他领域的能力又普遍低于正常值。这些例子很好地说明了，每个人的智力结构都是独一无二的。

## 可塑性与潜力

杰夫·李奇曼（Jeff Lichtman）是哈佛大学分子和细胞生物学教授。他主持了一个覆盖范围很广的研究项目，主要是为人类的大脑回路创建详细的映射图。这项研究归属于一个名为“连接组学”（connectomics）的全新领域。一项名为“自动收带收集车床超薄切片机”（automatic tape collecting lathe ultra microtome）的技术，可以把大脑组织切成极薄的切片，然后将之放到扫描电子显微镜下，为每一个细胞及细胞连接创建图像。李奇曼说，这种技术“让我们有机会见证迄今为止人类基本上无法了解的庞大、复杂的宇宙”。

这项研究的目的之一是了解神经生长和剪枝的过程。在出生时，人类大脑约由 1 000 亿个脑细胞构成。在婴儿期，人的大脑有着巨大的可塑性。首先，每个神经元都有数十束连接，但随着大脑的成长，这几十束连接会按照使用方式减少到寥寥几束，而凡是剩下来的就都是强有力的连接。

据李奇曼说，每个婴儿的神经细胞连接着大约为成年人 20 倍的神经细胞，“我们努力想要理解剪枝的规律。如果神经细胞有 100 个连接，最后需要将之削减到 5 个，这样问题就来了，我们该保留哪 5 个呢？”神经元们努力保持着联系，每一轮竞争都影响着其余细胞的最终发展。“为理解竞争对一个细胞的影响，你必须理解所有的竞争。”所有新神经“赤手相搏”的净效应，就是我们所说的大脑发育，也正是它把一个不能走路和说话的婴儿变成了成年人。这个过程给我们带来了一种灵活性，李奇曼称之为“造人的魔法”。他说，蜻蜓一出生就知道怎样捉蚊子。“但对人类来说，这一切都不是内置的。我们的大脑要经历至少 20 年持续性的深刻教育过程，那么，在这一过程中，我们的大脑里又发生了什么变化呢？”

语言的使用可以明显体现出大脑的可塑性。如果孩子出生在多语言环境的家庭中，他们就能学会自己经常接触的所有语言。家长们并不会像学校老师语言那样教孩子们说话，母亲们当然也不会教孩子们语法规则，她们只会提示、指导和教授特定的单词。但学习一门语言非常复杂，正规地教授婴儿根本是不可能的，同时教他们三四种语言更是无法想象。可婴儿却能学会三四种语言，如有必要，更多也学得会。他们的语言能力不会达到饱和点，从不会因为自己无法处理另一种方言就大闹着要奶奶走出房间。他们能全部吸收，这是因为他们拥有语言本能。这并不是说，多语言家庭会生出语言天赋极高的孩子完全是靠运气。事实上，所有正常的孩子都具有学习一门以上语言的能力。若孩子出生在只说一种语言的家庭里，那他就只能学到这一种语言。这样一来，到青春期再学习第二语言就困难多了。

随着孩子长大，他们的大脑就会围绕用途进行定制。如果语言能力未得到使用，大脑的神经能力就会转到其他用途上，语言能力也随之退化。音乐、数学或其他能力也是一样的。苏珊·格林菲尔德（Susan Greenfield）讲过大脑可塑性的一个惊人例子。一个 6 岁的意大利小男孩有一只眼睛失明了，失明的原因是，在婴儿的关键发育期，这只眼睛上被蒙了一副眼罩，原本用来协助从这只眼睛中获得视力的神经网络进行了重新配置，最终导致了永久性失明。

南太平洋的许多小孩都是出色的潜水员。他们培养出了长时间潜水收集珍珠的能力，这是一项事关他们自己和全家人生存的技能。而在纽约，大部分孩子都没有这种能力。布朗克斯恐怕就没有这种熟练的采珠童，因为它根本没有这种需求。但我们可以进行一个合理的假设：若早早将普通的纽约孩子送到南太平洋的话，他们也很可能会学会这项必要的技能。住在布朗克斯，他们本来可以拥有这一能力，但由于没有需求，也就没有后来的发展。

## 舞蹈与智力

据统计，失学儿童被刑事司法系统处罚的概率更大。传统的策略是把罪犯关起来，通常，人们认为这是一个合乎逻辑的线性解决方案，哪怕它往往会产生巨大的个人、社会和经济成本，而且还会面临极高的累犯率。当然，同时也存在一些更具创造性的教育方法，它们理解人类能力的多样性、动态性和独特性，因此当我们在应对具有不满和疏离感的策略时，也应该更具系统性。有一种我特别佩服的方法，对我们现行的教育方法给予了当头棒喝，它把青少年罪犯（也就是在传统教育体制下特别失败的孩子）和舞蹈（也就是在传统教育优先层次里地位最低的学科）结合在了一起。结果出人意料，而且也深刻地说明了教育对这些年轻人和舞蹈的重要性存在多么大的低估。

## OUT OF OUR MINDS 青年学院

“联合舞蹈”（Dance United）是一家专业现代舞团，总部位于英国布拉德福德。这家舞团提供了一种以舞蹈为基础的教育项目，名为“青年学院”（The Academy），当地刑事司法系统内的青少年罪犯可以选择参加。“青年学院”是特别针对在传统教育系统中惨遭失败并有可能成为罪犯或有极高犯罪可能性的青年人设计的，参与人员包括具有抢劫、贩毒、盗窃和斗殴等劣迹的年轻人。“青年学院”的团队由职业舞蹈艺术家和教师组成，主要跟布拉德福德青少年犯罪工作小组（Youth Offending Team，YOT）及其他机构的辅导员展开合作。

“青年学院”的目的不仅是要帮助青少年避免重新犯罪，还希望帮助他们发现自己的真正潜力，发现使他们能够通往成功的先天能力。“青年学院”希望通过提高青少年对自身能力的信心，让他们的人生从此截然不同。他们不会把参加这一项目的年轻人看成需要改造的犯人，而是将他们看作接受训练的职业舞者。项目本身所用的方法来自现代舞艺术家的专业教育和培训法，讲究纪律，要求严格。例如，赤足跳舞是学院的基本规则，舞者不得佩戴首饰、帽子或其他饰品。舞蹈对肢体和创意的需求是项目的核心，并以推进高水平艺术表演为宗旨。这套项目还可以帮助青少年相互信任和互相帮助。

“青年学院”每次最多接纳15名年轻人，并安排他们在12个星期里每周上25个小时的课。在这12个星期里，最初3个星期是密集的表演课，而且训练成果要到专业舞台上演出，要么是在学院的小剧场里，要么是在当地的剧院里。从第4周开始，授课内容会纳入更广泛的舞蹈教学，包括爵士舞、非洲舞、巴西战舞、马戏和舞蹈编排等。此外，学院还会邀请摄影师、制片人和音乐人等客座艺术家授课。

很多人对“青年学院”项目的构想断然投以怀疑态度：跳舞怎么可能对毫不顾及他人生命和财产的罪犯产生影响呢？这不是纵容罪犯的浪漫妄想吧？大多数人都觉得改造这些罪犯的最直接途径还是让他们蹲监狱。吉姆·布雷迪（Jim Brady）是布拉德福德青少年犯罪工作小组的专业人士，是解决这些问题的内行。在他看来，这些最直接的途径显然是错的。“如果监狱管用，”他说，“那青少年犯罪问题早就应该解决了。遗憾的是，所有证据都表明，监狱不管用。”一开始，他的同事戴夫·波普（Dave Pope）对舞蹈的力量也十分怀疑。但如今，布雷迪说，戴夫虽然见识过其他许多种改造青少年罪犯的策略，却没有一种像舞蹈那么强大而有效：“我见过让他们去建筑工地干活、让他们参加团队活动和上犯罪行为课甚至愤怒管理课，但我没有想到，现代舞竟然是短期内让人进步最大的。”

何以如此呢？为什么这个项目造就了这么大的不同，而其他项目却不能呢？“联合舞蹈”舞团的艺术总监塔拉-简·赫伯特（Tara-Jane Herbert）是最有资格对此做出解答的人，因为她最清楚该项目到底做了些什么。“青年学院”虽然把所有参与者都当成专业舞者，并让他们接受专业的舞蹈训练，但从根本上来说，它的目的不是要把所有人都变成舞蹈演员，“它是要让这些年轻人有机会做一些切实的、需要选择技巧的事情。到我们这里来的大多数年轻人没有做出清楚的选择，他们很随性。舞蹈培训让他们有机会进行真正的思考，并付诸实践。在你有所选择和行动之前，你必须按兵不动”。她说，通常，参与该项目的年轻人起初并不知道怎样集中自己的身体能量，但该方案教会了他们如何实现。“他们很烦躁，要么就很松散。他们的身体里没有力量，做不到沉静，而这恰恰是关键所在。在开始做任何事之前，你都必须先停下来。就像交响乐队一样，先是一片寂静，然后才会开始演奏。舞蹈和生活也一样。”

这个项目通过促进真正的创意成就，帮助青少年们构建起了自我价值感。团队的一位成员解释说：“经常有人告诉我们，我们没有价值，什么事也做不了。在这里，我们意识到自己是可以有所作为的。每天早晨一起来，我们就会提醒自己遵守体制和纪律，也因此变得更有纪律性、对自己更有信心了，而且更敢于走出去面对艰难的局面。对不少人来说，这并不容易，因为我们之前从来没有跳过舞。”

舞蹈要求高度的协作性。舞蹈艺术家海伦·林塞尔（Helen Linsell）解释道：“他们要配合不同的人，年纪大的，年纪小的，或者没有接触过的辅导员。”另一位舞者瑞娜·劳斯（Rhiana Laws）则强调：“他们没有地方闲逛，休息时就是斜靠在墙上或者坐下来，因为他们很累，要不就是因为做错动作而在练习中笑作一团。我们绝对严格，我接受专业训练时就是这样的。”

塔拉-简·赫伯特说，前3个星期结束时的公开表演很关键。“我们会邀请他们的朋友、家人来观看；这些青少年大多数是第一次被人以积极的视角对待，所以演出的质量和水平必须优秀，这非常重要，只有这样，他们才能让亲朋好友刮目相看。演出结束以后，他们会信心大增，他们会突然明白：为什么我们那么强调专注，为什么我们要求协作，我们推动他们做这一切的原因都会突然变得明朗起来。”

项目里有个叫达里尔的年轻男学员。吉姆·布雷迪第一次见到达里尔时，他妈妈正觉得他有可能会变成少年犯，因为她越来越猜不透达里尔的想法。“整个会面过程中，他对他妈妈说的话都无动于衷，几乎不发表任何观点，”布雷迪说，“所有话都让做妈妈的说了。我为他们提供了所有可选的出路，舞蹈是其中之一。”他母亲当即表示，达里尔不可能跳舞。但是，达里尔什么也没说。那次谈话之后，达里尔当天就进了“青年学院”开始学跳舞。结果很明显，布雷迪说：“舞蹈改变了他的身体，他现在非常关注营养、饮食和健康。他口齿清晰，也愿意与大家交流了。他的行为举止焕然一新，他有了自信，而这一切只用了3个星期，这是相当巨大的转变。”

达里尔现在也不怀疑自己了。“你在这里可以接受很好的培训，”他说，“你会感到疼痛。但这种疼痛很好，因为你知道自己做成了一件好事。过了几个星期，你会注意到自己的身体开始变得越来越健康，肌肉也练出来了，你甚至能感觉到它们正在生长。它让你觉得自己能够做到一件事，你也享受它，而时间就这样慢慢流逝了。”舞蹈的身体要求和艺术严格性改变了达里尔对自己的看法，也改变了他对其他人的看法：“我慢慢也学会了要考虑别人的想法，从别人的角度出发看待事情。”

达里尔的父亲同样注意到了儿子的变化。“以前，我们确实跟达里尔有许多摩擦；现在，我们的关系很好。我们很期待学院再给他施点儿小魔法，让他激励自己再努力一些。”

在英国青少年司法委员会（Youth Justice Board）主席罗伯特·摩根（Robert Morgan）教授看来，“青年学院”的寓意一目了然：“我们需要把这些年轻人看成有潜力的人。任何人都看得出，这里所做的工作就是在把我们一直想要开发的巨大潜藏资源发掘出来。”

作为一个经历过失败与矛盾冲突的年轻人，达里尔从自己的角度对潜力发表了观点：“你可以有所不同，这取决于你自己如何看待它。如果你希望保持开放的心态，把所有一切都抛在身后，那就会邂逅一个全新的世界。”

## 实现自我

我们每个人天生都拥有了不起的能力，只是每个人都有所不同。如果我们不能通过教育和培训发展自己全方位的能力，那么有些人，甚至是大部分人，就将永远无从知晓自己真正的才能，从而也就无法真正了解自己是什么样的人，或者能获得什么样的成就。较之以往，如今的人类社群更依赖于多样化的才干，而非单独的某种能力。谈到发现潜力时，我们应当从两个方面着手：我们需要了解潜力的范围和种类；我们也需要把它变成现实。这就是为什么我们应该将创造力放在学校、工作和生活的中央舞台上。

我在前文中谈到过，人们对创造力存在许多误解。那么，创造力是什么？它与智力有着怎样的关系？它在实践中又是如何发挥作用的？让我先从拉斯维加斯说起。

在某种意义上，拉斯维加斯确实占有了地球上最富饶的“资源”：人类的想象力。它完全是出自人类想象的产物。事实上，人类在各个领域实现的独特成就都与其如出一辙。

OUT OF OUR MINDS

# 05

# 怎样成为有创造力的人

The Power of Being Creative

Out of Our Minds

一旦人们找到了属于自己的媒介，就会发现自己真正的创造优势，真正地成就自己。帮助人们发现自己的创造力，保准能让他们遇见最好的自己。

## 拉斯维加斯，人类想象的产物

我妻子特里与我共同生活和工作了 40 年。2007 年，为了庆祝我们的 25 周年结婚纪念日，我们决定去拉斯维加斯的猫王教堂再次宣誓纪念。与我们同行的还有 30 位家人和朋友，其中就有我们的孩子詹姆斯和凯特。那是个美好的周末，我们选择的是“蓝色夏威夷”服务套餐。教堂虽然还有其他套餐可选，但我们就喜欢这个，因为这款套餐包括模仿猫王的表演，4 首配乐，外加烟雾效果。我们走进教堂，烟雾从两旁的管道里喷出，营造出了神秘和神圣的气氛。此外还有一位跳草裙舞的姑娘，这是套餐中的可选项，我选了她，因为她肯定比其他东西更能让我高兴。其实，若我们再多花 100 美元还能有一辆粉红色的凯迪拉克汽车，但我们觉得这太俗气了，它恐怕会拉低整个庆祝仪式的品位。

仪式结束后，我们入住了威尼斯人酒店。那地方很大，二楼还有个威尼斯圣马可广场的复制模型，旁边甚至还有大运河、贡多拉小舟和船夫。我到过威尼斯，从某些方面来说，威尼斯人酒店比实地还好。我感觉它很真实，而且没有臭水味。

> Out of Our Minds
>
> 至少在一个方面，人类与地球上的其他生命存在根本性差别：我们拥有想象力，因此我们必然拥有无限的创造力。

我提到拉斯维加斯是有原因的。你若是仔细想想，就会发现它的存在其实挺没道理的。其他大部分城市的存在都有自身的原因。有些城市，比如纽约或巴塞罗那，是天然良港，适合贸易活动。其他城市，要么有肥沃的平原，适合农耕；要么坐落在大河流域，便于运输和定居；要么就在山顶上，容易防守。但这些存在理由都不适用于拉斯维加斯。据我所知，没有人想过要入侵内华达州（拉斯维加斯是内华达州最大的城市）。拉斯维加斯位于沙漠里，周围是干旱的荒野：它没有天然水源，也没有农业资源，而且气温还特别高。对一座大城市来说，它出现在了最不该出现的地方。可多年来，拉斯维加斯一直是美国发展最快的城市之一，而且举世闻名。在某种意义上，拉斯维加斯确实占有了地球上最富饶的“资源”：人类的想象。

拉斯维加斯是从一个想法中诞生的。事实证明，这是一个绝妙的想法，激发了人们无穷无尽的想象能量。我不是要你认可拉斯维加斯这座城市的建设设想，只是希望你意识到：它完全是出自人类想象的产物。事实上，人类在各个领域实现的独特成就都与其如出一辙。

我们并未看到世界本来的样子，而是隔着一层“概念”的面纱。我们对世界的体验可以通过直接的感官接收，但如何阐释则因人而异。人类感官的性质决定了感知的内容。可即便我们都拥有相同的感官，人们对同一件事情的看法也往往有所不同，这是因为人有不同的观点。他们可能置身于不同的环境，对发生了什么有着不同的视角。如果仅限于此，那么任何争议都可以通过比较各人的观点，并将之组合成客观的叙述来解决。从理论上说，法庭就是这样。但在实践中，综合每个人的观点往往会强化争议的细节，这是因为我们对事态的个人看法，深受我们阐释体验的观点、价值观和信仰的影响，它们影响了我们的实际感知以及对此的理解。

如果你把狗牵到室外，并指着月亮，狗大概会看着你的手指，或许再看看你；如果你把小孩儿带到室外，用手指着月亮，那孩子就会看向月亮。这种后天技能叫作“共同注意力”（joint attention，也译作“分享式注意力”），即把词语和焦点结合起来的能力。随着大脑的发育，孩子逐渐能够理解：一件事情可以代表另一种概念。这种能力是创造性思维获得最突出成就的根基：象征性思想的力量。语言是最明显的例子。孩子学习说话时，会意识到声音具有含义，而字母又代表声音。相反，其他动物在这一点上的能力则是有限的。

如果你冲着一只训练有素的狗说“来”，它会蓄势待发，跃跃欲试。如果你要跟它谈谈“来”的重要性，或者你见识过很多只听话的狗，但它们只会呆呆地坐着，直到你把手里的棍子扔出去。若你给它看一张上面画着棍子的画，那它可能会围着画左闻闻、右闻闻。狗的能力远远达不到把声音和行动关联起来的程度。它们不会拓展，而小孩子则很快就能掌握思考和沟通的复杂能力。

象征的力量带来了各种复杂形式的语言、数学和艺术，它们贯穿于人类的意识，框定了我们对世界的想法和感受。我们不仅仅是在观赏月亮，而且是在复杂的宇宙理论中锁定了它的位置；我们不光对彼此拥有感觉，还通过音乐和诗歌来描述感觉；我们不光生活在社群里，还为之构建了复杂的政治理论和结构。

> Out of Our Minds
>
> 创造力涉及把想象付诸实践。从某种意义上说，创造力就是运用想象的能力。

一些智力理论认为，从感官到大脑再到我们采取行动是一条直线。美国艺术哲学家苏珊·朗格则认为，这是一个中间过程。她认为，大脑就像一台巨大的变压器：“通过大脑的体验电流……经由大脑能够立刻理解的主要用途（而非经由接收感知的感官）……出现了一种特点上的变化。它（体验电流）被吸入了构成人类思维的符号流。”下面我们将以语言为例进行说明。

## 说出你的想法

按照常识性的假设，语言主要代表一种沟通系统：我们会先有想法，接着再寻找字眼把它们传达出来。而语言学和发育及认知心理学早就有预见地指出：尽管语言确实是复杂的沟通方式，但它在我们思考的内容和方式（即想什么、怎么想）中会起到更为复杂的作用。我们所用语言的起源影响着我们思考的内容和方式。孩子们很快就能意识到：物体是有名字的。但他们所做的并不仅限于此，他还会吸收言语促成的思考方式。这些阐释在不同语言之间的差异极大。

举例来说，阿拉伯语中的“骆驼”一词可以用多种方式来表达，除了标准的阿拉伯语单词“djemal”外，根据各地方言，口语里还有数百个形容骆驼的其他名词。用词汇来描述细微差别，能让人更容易看出差别何在。但语言不仅仅包括事物的名称。语言是由语法结构、时态、语气等构成的，而在不同的语言里，这些因素有着极大的差异。例如，在北美的印第安语里，要表示“我看到一个人”这个简单的概念，就必须同时向说话的另一方指出该人到底是坐着、站着还是在行走；如若不然，就无法表示。而希腊语则包括了英文里不具备的时态和语气。

这些差异说明，不同语言族群里存在着不同的先天思考方式。讲英文的人学习法文或意大利文相对比较容易，部分原因在于不少单词都差不多，而且这些语言的规则都是类似的。这 3 种语言都属于印欧语系。但是，若要一个欧洲人学中文就困难多了，因为这两者的基本语法规则是完全不同的。

中文是一种单音节带声调的语言。事实上，中文之所以有声调，正是因为它的每个字仅有一个音节，在书写中，又只用一个符号来表示。若没有办法区分不同的含义，那么发音相似的字会多到无法管理，所以这时候语音就出现了。字从此有了音高：高音、中音、低音，即出现了声调，单字发音时，声音或水平、或上升、或下降。讲中文几乎就是在唱歌，如果你唱错了音符，另一方就会理解为完全不同的意思。刚开始学说中文的外国人常常无法避免频繁的误解和失态；有时，后果还会很严重。

另一方面，与英文、法文或意大利文不同，中文不用词形变化来表示词性、语态或数字，人们只能从上下文语境中进行语义推断。书面式的中文跟欧洲语言的区别还在于，它没有字母表。每个汉字都是一个独特的符号，必须单独学习，无法借助字母来提示发音。出于这个原因，千百年来，中国虽然发展出了大量不同的方言，却都使用着一套共同的书面语言。于是，来自全国各地的中国人或许无法在对话中理解对方，却仍然能够用文字沟通。为了便于理解这个概念，我们不妨看看计算机的键盘，不管是英国人、法国人，还是意大利人，人人都能理解字母和数字，可要是让大家把它们大声念出来，人们就可能会把字母或数字读成不同的语调和声音。

随着孩子们在既定的文化中成长，他们也会吸收嵌入在所学语言里的思考方式。通过这种途径，语言就在意识发展中扮演了核心角色。当然，语言固然重要，却不是我们唯一的思考方式。

## 你的意思是什么？

语言是一套象征系统。象征指的是用来代表其他东西的东西，任何东西都可以成为象征。象征分为正式和非正式两种。非正式的象征无意指代任何具体的东西，只代表我们就是那么看而已。对你来说，夕阳象征着悲伤，而在别人眼里，它却可以象征着欣喜，这取决于个人的想象力或心态。正式的象征则指代着某种东西，使用此类象征的人，对它们能做什么、能指代什么，存在一定程度的共识。在此，我将对系统化象征和示意化象征的表现形式做个大致的区分。

## 系统化象征

文字和数字系统是系统化象征的典型。数字系统由一小套基本单位构成，通过无限的组合方式以表达准确的含义。正如数字有着常用值，文字有着根据彼此确定的惯用含义，而相应的规则会影响文字的用法和意思一样，在口语中，一个字会按照语法规定的顺序跟在另一个字后面。

系统化象征受规则约束，而规则会通过公认的程序，非常清晰地区分意义的有无。在这样的系统中，不同元素只有按特定的方式构成才有意义。我们不一定理解一句话里每个字的意思，但能大致明白句子的意思，因为我们理解系统的规则。当我们看到一个新字时，就可以通过查找定义里的其他词汇来描述该字的含义。事实上，如果看到不熟悉的字，也不一定每次都要查字典，因为我们从上下文中也可以清楚地推测出它的意思。

语言的系统性是由科学家兼哲学家迈克尔·波兰尼（Michael Polanyi）阐明的。波兰尼问，如果我们把英文里每一个不同的句子都用一个独特的字母来代替，会发生什么事？“我们必然首先会想到，”他说，“通过字母表里的 26 个字母，我们可以构成 268 个 8 字母单词，总量接近 1 000 亿个。”这个数目差不多相当于人脑里神经元的数量。英文的词汇量一下丰富了 100 万倍，“这会彻底毁掉这门语言，不光因为没人记得住那么多单词，更因为许多单词没有意义。单词的含义是在重复使用中形成并逐渐清晰起来的，而前述 8 字母单词里的绝大多数都只使用过一次，少得根本无法获得明确的含义”。

化学里，数以百万计的化合物都是由大约 100 种化学元素构成的，“每一种元素都有名称和特有的符号，我们可以按化合物包含的元素，写下它的成分。谈论事物时，我们会根据自己所命名的特征对事物进行分类，这需要博物学家辨认动植物标本时用到的鉴赏力。因此，恰如其分的说话艺术，是靠精确地应用丰富的词汇做到的，一如分类专家的明察秋毫”。

## 示意化象征

绘画、诗歌、音乐和舞蹈是示意化象征的典型，而文字和数字很适合按顺序罗列。图片则能同时展示各种想法的整体模式。我们能够用可视化的形式表达不适合文字结构的想法，它们的意思只能用其所用的形式来表达。如果你想理解一幅画作的含义，你并不能借助色彩字典去查阅蓝色和绿色混在一起通常是什么意思。

同理，没有和弦和声手册能告诉我们交响乐在表现什么，也没有戏剧代码表能告诉我们戏剧的含义。这些艺术象征形式没有固定的含义，自然就无法区分意义的有无。艺术作品的意义，只能通过它的特定表达形式来体现。艺术作品的声音和感受，既不能跟它的意义分开，也不能跟它表达意义的方式分开。一幅画、一出戏剧、一首交响乐以及一部小说，是用形式感和文化知识所构成的复杂而独特的作品，而非来自系统化含义的堆砌。

示意形式可以使用系统化象征。戏剧、小说和诗歌都是用文字所写的，乐谱则让我们以书面形式看到了每一个音符。但乐谱不是音乐，一如文本不是戏剧。它们是示意化作品所用的编码符号，而这些编码符号，必须由表演者或观众来阐释。文字可以通过功能促成某些事情，所以没有太多人会花大把的时间去推敲写给朋友或同事的便签或电邮。我们的着眼点是信的内容，而不是它的表达方式：我们看的是内容而非形式。诗歌是另一回事。让我们看看叶芝的《当你老了》[①]这首诗：

当你老了，头白了，睡意昏沉，
炉火旁打盹，请取下这部诗歌，
慢慢读，回想你过去眼神的柔和，
回想它们昔日浓重的阴影；
多少人爱你青春欢畅的时辰，
爱慕你的美丽，假意或真心，
只有一个人爱你那朝圣者的灵魂，
爱你衰老了的脸上痛苦的皱纹；
垂下头来，在红光闪耀的炉子旁，
凄然地轻轻诉说那爱情的消逝，
在头顶的山上它缓缓踱着步子，
在一群星星中间隐藏着脸庞。

诗人们不仅关心词语的字面含义，也关心它们的层次联系及其整体的节奏和韵律。我们不会一个字一个字地应和诗歌，也不会一行台词一行台词地回应戏剧，更不会一个音符一个音符地理解音乐。完整的作品大于作品各部分之和。

我们使用不同的表现方式来表达不同类型的想法。据说，作曲家古斯塔夫·马勒（Gustav Mahler）坐在琴房里完成了一首新的钢琴曲。演奏期间，他的一个学生走进房间，静静地听着。曲终，学生说："大师，您演奏得太精彩了。但它是关于什么的呀？"马勒转身对他说，"它是关于这个的"，便又

① 此处选用的是袁可嘉先生的译版。——译者注

弹奏了一次。如果音乐里的思想可以用言语来表达，就没有必要谱写乐曲了。

有些想法只能用数学表达。诺贝尔物理学奖得主理查德·费曼（Richard Feynman）曾说："如果你对物理世界的终极性质感兴趣，那么眼下我们理解它的唯一方法就是数学式推理。不理解数学，人们就没办法欣赏世界的很多具体方面，比如普遍性定律的深度和特点以及事物的关系。世界也有许多方面是不必依靠数学的，比如爱情，它们美妙而令人愉快，同时也让人敬畏。但如果我们说的是物理，那不懂数学就会严重局限人对世界的理解。"

数学是某些知识形式的最佳媒介，但对其他知识形式来说就显得相对无能为力了。如果你想描述电子的运动，那就需要代数；如果你想表达自己对某人的爱，那就可以吟诵一首诗歌。如果有人问你："你有多爱我？"那可别傻乎乎地拿出计算器说："让我算算看吧！"

## 创造与再创造

我们的观念既可以让我们自由，也可以禁锢我们。一如心理学家乔治·凯利（George A. Kelly）所说："为理解事实，我们要用观念去过滤它们；为理解观念，我们则要用事实去检验它们。"乔治·凯利将这一过程描述为连续渐进（successive approximations）。通过这一方式，我们创造了自己生活的世界；而这个世界，又永远有着被重新创造的可能。人类历史上了不起的生成性观点改变了时代的世界观，帮助我们重塑了文化。我们造就了自己生活的世界，当然也可以改造它。喜剧演员乔治·卡林（George Carlin）曾说："我刚找到人生的意义，他们就改变了它。"他说这句话时脑袋里想到的大概就是文化演进过程吧。

社会文化创新变革有着较长的周期，而个人及团体的创新工作周期则较短。但对前者而言成立的事情，对后者也一样成立。所以，创新过程同样是循序渐进的。

## 创新三部曲：想象、创造力和创新

想象是创造力的源泉，但又与后者有所区别。想象指的是能够将并未展现在我们感官里的东西带入思维，创造力则意味着将想象付诸实践。

想象包括了形象的、虚构的、假想的精神体验。我们可以想象以前存在过的东西，如今真实存在的东西，有可能存在的东西，或者完全不存在的东西。如果我要你想象一头大象、你从前的学校或者你最好的朋友，那你就可以把来自实际经历的心理图像带入思维。一般而言，我们并不认为实际经历的心理图像属于想象范畴。更准确地说，它们是“形象的”。如果我让你想象一只穿着礼服的绿色北极熊，你应该可以想象出来。但这时候，你带入思维的是一种你从未见过的东西（我假设如此，也许你真的见过也说不定）。这类图像是由在思维中可能存在的东西构成的，而不是回忆中的，所以它们是“虚构的”。有时候，我们会把虚构的经历错当成真实的经历，这类经历就是“假想的”。

想象可以令我们跳出此时此地的限制。我们可以脱离时空，重返过去。我们可以让自己进入他人的思维，用不同的视角审视现实，我们可以用他们的眼睛看，借助他们的心灵感受。在想象中，我们可以预见不同的未来。我们或许无法预测未来，但靠着想象带来的想法，我们便能够动手创造未来。

创造力比想象更进一步。想象可以是一场纯粹个人化的内在意识过程，说不定躺在床上一动不动，你也可以让自己的想象奔腾，没有谁会知道。私下里的想象恐怕不会给世界带来任何影响，创造力却与之相反。具有创造力的意思就包含了做某件事情，形容一个从不做点什么的人有创造力是很奇怪的。说一个人有创造力，就暗含了他们能刻意地、主动地去做些事情。人的创造力不体现在抽象事物上，而体现在具体的方面：数学、工程、写作、音乐、商业，等等。从某种意义上说，创造力就是运用想象的能力。那创造力是怎么运作的呢？

## 创造过程

> Out of Our Minds
>
> 创造是获得具有价值的独创性观念的过程。

我把创造定义为获得具有价值的独创性观念的过程。创造是一个过程，而不是一个事件。把某样东西称为“过程”，意味着它的各个环节之间存在着关联，事态发展的每个方面和阶段是彼此相关的。获得创造力，包括了彼此交织的若干过程：首先是生成；其次是评估。在大多数创造性工作中，这两种思维模式会进行多次切换，创造性成就的质量跟两者都有关。帮助人们理解、管理生成性思考和批判性思考的互动，是创造的关键任务。

## 生成想法

诺贝尔化学奖得主哈罗德·克罗托爵士同时也是一位专业设计师。我曾向他请教，以他的经验来看，艺术和科学、工作室和实验室之间的创造有什么区别。他说，在他看来，过程完全一样，但结果有所不同。在所有创造过程中，我们都要把现在已知的边界向前推，以探索新的可能性；我们要借助自己现在已经掌握的技能，根据工作的要求扩展和改变。

初期，创造可能意味着反复琢磨一个想法，进行涂鸦或即兴发挥。它可能始于一个不成形的想法：一份草图、一份最初的方案或设计、旋律的第一个音符、一丝有关问题解决方案的灵感。当然，也可能会有若干想法，这也意味着一大堆可能的出发点。创造并不总是需要从束缚中获得自由，或是从一片空白开始。很多创造工作都要从具体的指示或惯例着手，而很多伟大的作品往往也是从正式的约束内产生的。1962 年 9 月，肯尼迪总统宣布，美国将把人类送上月球，并安全送回地球。自那以后，整个美国的想象力和创新精神都被激活了：数十亿美元、数百万人力和数千家机构投入到这一纪律分明的宏伟事业当中。挑战一清二楚，限制也一清二楚，而没有人会问，为什么不去调整万有引力定律，或者把月球挪得近一点。

> Out of Our Minds
>
> 创造是想法和媒介之间的对话。

十四行诗有着作者必须遵守的固定格式，日本俳句同样对诗歌有着具体的要求，就像其他很多诗歌结构也有规则要遵守一样。这些限制并不会妨碍作家的创造力，只是预设了框架而已。事实上，使用标准格式实现独特的效果、获得独到的见解，更能给人带来创造的成就感和审美的愉悦感。

创造总是与实践形影不离，因此也就总是会与某种媒介形式相关，可以是物理媒介，如钢铁、木材、黏土、织物或食品；可以是感官媒介，如声、光、语音或肢体；也可以是认知媒介，如文字、数字或符号。不管是什么媒介，想法和通过其形成的媒介之间都密切相关。不管创造过程的焦点是设计建筑物，提出数学定理、科学假说，或是谱写乐曲，都是一样的，创造是想法和媒介之间的对话。舞者是用身体思考的，他们不会根据口头规定去跳舞。舞蹈是在跳的过程中演变出来的，它是完成动作，并对动作加以反思的实质性过程。很多时候，只有在舞蹈、影像或音乐演奏的过程中，想法才会迸发出来。

## 进行判断

> Out of Our Minds
>
> 如果你不打算犯错，那么就注定不可能想出任何具备独创性的想法。

创造不光包括生成想法，也关系到对想法的判断。这个过程包括对初步设想的推敲、测试和改进，甚至放弃，并选择中途出现的其他想法。有时候，创意作品会以完全成形的姿态降临世界，根本不需要进一步改进。据说，莫扎特的许多作品，他自己就很少会进行修改。诗人约翰·弥尔顿是个盲人，每天早上，他都会向女儿口授自己的史诗级作品《失乐园》中的章节，然后对文本进行微调。但在通常情况下，创意作品只是一个雏形，仍需要进一步探索。

评估哪些想法行得通、哪些行不通，可能需要退后一步，平静反思。评估可以是个人的，也可以是多人的，既包括即时判断，也包括长期检验。创造有可能会让我们的思维走入困境，被无用的想法和设计困住。最佳结果出现之前，我们可能会遭遇失败和变化。你可以从诗歌、小说、学术论文或发明设计的前后草稿里，看出创造过程的迭代。众所周知，爱迪生在尝试了数十种灯泡的理念和设计后，才敲定了最终版。

## OUT OF OUR MINDS 不断试错

陶哲轩（Terrance Tao，澳籍华人数学家）是全世界公认的最了不起的数学家之一，曾获得过许多荣誉。2002 年，他年方 31 岁，就获得了菲尔兹奖，这相当于数学领域的诺贝尔奖。他认为，数学领域的发现是一个持续不断的试错过程。“你忽然冒出了一个点子，”他说，“然后，你埋头对着它研究了一个月，发现它行不通；接着，你又冒出了一个点子；再接着研究，在不断排除的过程里，你终于得到了一个行得通的想法。”我问过著名化学家哈罗德·克罗托爵士，他的实验里有多少是失败的。他说，大约 95% 都失败了。当然，“失败”这个词不够准确，他说：“我只是找出了行不通的东西。”对此，爱因斯坦更是一针见血地指出：“一个从不犯错的人，一定没有尝试过任何新鲜事物。”我的意思不是说犯错等于创造，而是说如果你不打算犯错，那么就注定不可能产生任何具备独创性的想法。

迈克尔·波兰尼曾区分过焦点意识（focal awareness）和辅助意识（subsidiary awareness）。不管在做什么，我们至少会从两个层面上意识到自己的行为。如果你用铁锤把一枚钉子敲进木头里，那么你的关注焦点就是钉子的钉头，你也必须略微意识到铁锤的重量和手臂的运动幅度。重要的是，这种关系要搭配合适。如果你把注意力集中在胳膊上，那么你就有可能会砸偏。波兰尼继续说：“辅助意识和焦点意识是相互排斥的。要是钢琴师把注意力从弹奏的曲子转移到自己的手指上，那么他就会变得恍惚，甚至不得不停下来。当我们把原先放在边缘位置的东西变成关注焦点时，这种情况通常就会出现。”

在一切创造过程中，我们的关注焦点都得放对地方。尽管批评很有必要，但生成性思考必须在适当的时间才能得到最好的发挥。在正确时间以正确方式出现的批评很重要。可要是出现在错误的时间点，它就会扼杀正在浮现的想法。同样，尝试得太多、太快，也可能会压抑创造力。提炼表达细节一般要放到最后阶段：类似于拿出一份整洁干净的清样来。但要是让人们马上用最漂亮的书法写出一首诗来，这有可能会压抑人在最初生成想法的阶段里所需要的自发性。人们需要理解创造有着不同的阶段，同时认识到自己正处在创造过程中的哪个环节。在大多数情况下，想一举拿出成品来是不可能的。如果不理解这一点，就会让人以为你完全没有创造力。

Out of Our Minds

在正确的时间以正确方式出现的批评很重要。可要是出现在错误的时间点，它就会扼杀正在浮现的想法。

## 判断价值

小时候的一天，有个表兄跑来我家，兴奋得满脸通红，因为他想到了一个能让我们变富裕的发明。他走在路上，看到一位上了年纪的老妇人：她拄着拐杖，痛苦地缓步向前。他灵机一动，冒出个念头：要是拐杖底下有个小轮子，老人们走路时一定会方便许多。他们再也不用每次都把拐杖提起来，只需要往前推就行了。他简直不敢相信以前居然没人想到过这个。我们给他倒了杯饮料，然后温柔地击碎了他的美梦：这是个好主意，但有个致命的缺陷。

判断新想法的价值十分困难。从定义上看，创意设想往往是领先于时代的。19 世纪 30 年代中期，迈克尔·法拉第在伦敦皇家学会第一次展示了电磁现象。他当着一群著名科学家的面，站在由煤气灯照亮的讲台上做示范，在两个铜球之间，出现了一条跳跃的亮蓝色火花。观众们无不感到惊喜异常，但许多人都对用这能干什么感到茫然。“非常有趣，法拉第先生，”有人说，“但它有什么用呢？”据说，法拉第是这么回答的：“我不知道啊，但新生儿又有什么用呢？”而如今，我们已经无法想象世界没有电会变成什么样了。我们的生活方方面面都依赖它，不管是食品供应、运输，还是照明、取暖和通信。19 世纪的人们看不到今人视为理所当然的电力的用途，是因为人们家里当时并未堆满洗碗机和电视机，而只等着法拉第去完成实验。

只有驾驭了电以后，电的应用才会出现。法拉第的发现帮助我们创造了电力应用的环境。在当时，很多人对这一发现持有怀疑态度。创造性见解经常会碰到这种情况：它们往往会冲在时代最前端，却让大众感到困惑。

由于价值观的改变，独创性的思想家往往更容易为后世所推崇。无数科学家、发明家、艺术家和哲学家都曾在自己置身的时代里饱受嘲笑，但他们的作品却得到了后人的欣赏。想想伽利略吧，他关于“日心说”的著作曾被斥为异端邪说，完全得不到科学界的承认。而前卫艺术家们也曾不断遭到质问：“这是艺术吗？”但在那些画家因贫病交加死去后，他们的画作却得以流传后世，转手价格极高，这样的例子数不胜数。出于同样的原因，被同时代认为是高瞻远瞩的人，在历史的进程中最后也可能会湮没无闻。颅相学就是一个典型的例子。如今，再也没有科学家会认真对待通过头骨形状阐释个性的设想了。可在 19 世纪中叶，这却极大地影响了精神病学观念的形成。

我们对过去的看法绝不是一成不变的，我们的生活一直处在现在进行时中。我们对其他时代的了解，远远比不上亲历其间来得复杂。我们对过去的看法是片面的、有选择性的。我们所考虑的、所承认的东西永远在变化，在不断修正，这大多是由时代价值观的改变所导致的。

由于当前时尚或政治观点的变化，早前遭到遗忘或忽视的人或许会重新得到重视，变成代表文化进步的关键人物。举例来说，拉斐尔的强烈情绪和自我肯定得到了维多利亚时代许多人的喜爱，他被视为文艺复兴的核心角色。而今天的许多人则更偏爱不断自我怀疑的米开朗琪罗，并围绕他构建起了文艺复兴时期的典型形象。通过这些方式，我们的历史观会对前人进行不断的选择和重选。所以，历史并不是僵化的，因为当下是如此鲜活。

## 独创性

创造力与构思新想法有关。我们所谓的“新”是什么意思呢？真的是要构思出以前从来没有人想到过的东西吗？但是，常识并不是这样，创造结果可以在多个层面上具有独创性。科学、艺术、技术和其他领域的一些杰出人物，创造了具有历史独创性的作品。但老师对孩子们并未怀有这样的期待（不过，有些孩子或许确实具备历史独创性，说到底，莎士比亚也跟人学过英语），他们想要鼓励和得到的是对孩子们自己来说具有独创性的作品。

> Out of Our Minds
>
> 创造过程中的阶段各不相同。想一举拿出成品来是不可能的。如果理解不了这一点的话，人们就会以为自己完全没有创造力。

## 建立关联

创造性见解往往需要通过建立不寻常的联系来实现，在以前被分离开的想法里观察到可取之处。我们现有的一切想法均蕴含着创意。一旦它们以出人意料的方式结合起来，或应用到通常不相关的问题或议题上，创造性见解就会自然而然地涌现出来。匈牙利作家亚瑟·凯斯特勒（Arthur Koestler）曾形容这是一个双向关联的过程：如果我们能把来自不同领域或不相关的想法糅合到一起，那么就不会再像通常的线性思维那样在一个平面上思考，而是同时从多个角度思考。创造性思维需要我们在不同参考框架之间突破边界。所以，一如我在前文中所说，某些思考模式会在不同类型的活动中占据主导地位：听觉会在音乐领域里占主导，动觉会在舞蹈领域里占主导，数学思维会在物理学中占主导。它们往往会同时借鉴不同的智力领域：数学家们经常探讨从视觉角度展现问题和解决方案；舞蹈与音乐的理解密切相关；视觉艺术深刻地借鉴了空间智力；而人们对数学的含蓄理解，则经常会为作曲带来灵感。

## 自由与控制

创造性成就关系到对媒介的控制，所以只让人们发挥创造性是远远不够的。儿童和成人都需要掌握创造手段和技能。比如，我不会弹钢琴，在这里，我不是说我没有弹琴的能力，而是说我从来没有学过弹钢琴。这也就是说，我无法在钢琴上进行创作。我只能让它发出噪声，宣泄我即刻的情绪。从这个意义上讲，我虽然可以表达，但并不能像真正会弹奏钢琴的人那样在音乐上发挥创造力。

很多人对数学都不太在行。他们把它看作一种益智谜题，完全搞不清楚重点。如果你不懂数学而尝试欣赏方程式，那就像不会读谱却要尝试欣赏乐曲一样。不是音乐家的人会被曲谱搞得晕头转向，而音乐家却能“听”出一首交响曲。懂数学的人透过方程式看到了方程所表达的思想之美和复杂性，正如他们“听到了音乐”。而对有些人来说，理解数学之美，就像是拿着法文语法书读普鲁斯特的著作一样不得要领。

许多成年人说自己不会画画。他们说得对，他们确实不能。但这并不是说他们不是没有画画的能力，正如我不是没有弹琴的能力一样，他们只是不知道怎么画罢了。大多数人都具备学习画画所需要的足够的手眼协调能力，但大多数人并未掌握必要的技能。他们面临的问题大多有两种。第一种问题是感性的：他们不是单纯地感知物体所呈现出的面貌，而是打算用照相的方式复制一个物体，随即却发现自己做不到。第二种问题是技术性的：与学写字一样，学画画也是一种技术和文化上的成就，而不是生理上的成就。除非这些事情有人教并学到手，否则画画的创造可能性始终都会受到限制。

如果没有良好的指点，直到 13 岁左右，大多数儿童在画画时都会遵循一种可识别的模式。举例来说，8 岁时，他们会逐渐开始培养透视感。因为孩子们变得越来越成熟，所以他们会越来越注重细节，并尝试创作更复杂的画作。到了 12 ~ 13 岁时，他们的绘画水平会达到平台期。很多人往往会因为受挫而彻底放弃绘画。此时，他们处在一个创作雄心超过了技术能力的阶段。由此带来的结果是，大多数成年人的绘画技巧还停留在青少年水平。这没有什么可奇怪的。这些能力不会随着年龄的增长而自然发展，正如孩子们不可能在 16 岁生日那天一觉醒来就会开车一样。

这当然不是说技能有限的人就不能发挥创造力。创造力的发挥有着不同的层次和阶段。有些人能运用相对简陋的技术生产出极具创造力的作品，但一般而言，创造力的发挥总是会与技术水平的提高及所用工具或材料的改进齐头并进。同样，这里也存在平衡和协调的问题。对创造性的工作而言，技

> Out of Our Minds
>
> 创造力的发挥有着不同的层次和阶段。

术控制是必要的，但只有技术控制又远远不够。发挥创造力需要揣度和开拓新视野，并运用想象力。很多受过良好训练的人，如音乐家、舞蹈家、工程师或科学家，虽然其技艺十分娴熟，但独创性却不是特别强。促成这一结果的原因有很多，其中之一或许是他们没有运用最适合自己的媒介。音乐家或许擅长某种乐器，但不见得会为这种乐器感到兴奋。当然，还有其他可能性，其中之一是受到的教育不得法。我认识很多想要成为音乐家的人，在忍受了太久音阶与和声的枯燥练习后，终于决定把乐器永远束之高阁。推动创造力发展是一个复杂的过程，必须在学习技巧和激发想象力、探索新点子之间找到平衡。

## 一般创造力与个人创造力

我发现，对一般创造力和个人创造力进行广义上的区分是很有好处的。

### 一般创造力

我们对所做的所有事情都可以进行独创性思考。在日常生活中，我们在行为和思考上很容易陷入惯性，形成套路。等我们碰到新问题或新情况时，现有的习惯会让我们陷入思维定式，难以找到新颖的解决方法。疏导思维惯性的工具和技巧有很多，包括发散性思维或横向思维。

按照“逻辑 - 演绎”思维，多种想法是按照顺序依次构建起来的，它只能推导出数量有限的合理答案，有时甚至只有一种答案。横向和发散性思维则更像是自由联想：它往往会通过比喻或类比思考，或是重新给问题搭设框架，以开发更多的可能性。与智商测试一样，针对发散性思维的测试也很常见。一般来说，它可能会问你能够想到多少种回形针的用法。普通人或许能想出10种或15种来，一般都与纸有关。而擅长此类测试的人，则能想到100多个点子，甚至跳出回形针的常规用途。他们说不定会给50尺高的橡胶回形针想出用处来，因为问题里可没说回形针必须是铁的。

科学、技术和艺术领域一些最有趣的突破来自重新框定问题，比如哥白尼和伽利略对“地心说”提出了质疑。我们提出的问题往往会比答案更重要。因为每一个问题都会指向特定的解决路线，而问题一旦出现改变，全新的视野也会随之出现。生成性观点的价值就在于，它带来了全新类型的问题。

这些一般性的创造性思维技巧，可以使团队和委员会生成一连串的想法和可能性。这些技巧包括爱德华·德博诺（Edward De Bono）[①]设计的思考技巧体系；威廉·戈登（William Gordon）和乔治·普林斯（George Prince）提出的创造性集思广益概念。如果运用得当，它们可以为企业、社会和我们的个人生活带来真正的福祉。它们大多是要把分析问题、生成解决方案、评估最佳选项的过程进行细分。这些技巧也强调要对人的想法给予积极的回应，不进行负面打击；同时，它们还很重视分享多种观点的价值。

## 个人创造力

赫布·阿尔伯特（Herb Alpert）是他那一代人里最伟大的流行音乐家之一。如果你聆听过他的小号演奏，那肯定有过他在用小号与你交流的感觉。

① 创新思维之父，其著作《这才是思维》与《六个思考框》中文简体字版已由湛庐文化策划、万卷出版公司出版。——编者注

从某种意义上说，事实的确如此。他身为音乐家的创造力，跟他对小号表现力本身的了解密不可分。同时，他也是一位杰出的雕塑家和画家。在所有媒介中，他对所用素材的热爱和感觉以及他从中所看到的创造表达的可能性，为他的创造成就带去了灵感。其他音乐家的最佳媒介则可能是吉他、钢琴或小提琴。

不过，有些人只能通过特定的媒介发挥自身的创造力：水彩不行，一定要是粉彩；不是整个数学，而只能是代数。我曾与一位来自加利福尼亚的物理学教授聊天。在交流过程中，他形容代数是自己的母语。当他在学校第一次接触到代数时，立刻对它有了直观的感受。他说，英文反倒成了他的第二语言。如今，他人生的大部分时间都在通过代数说话。

除了创造性思维的一般能力，我们还拥有独特的才能、热情和个人创造潜能。它可以是一种特定的音乐形式或乐器，也可以是宏观上的音乐；它可以是数学、化学、现代舞蹈；而你也可能会感受到成为一名消防员、家庭主妇、医生或者教师的角色召唤。我们每个人都具备尚未开发的技巧和能力。

我在《让天赋自由》[①]一书中谈到了创造性成就的这一层面：个人才华与个性热情的交点。个人创造力往往来自对特定素材的热爱：雕刻家会因木头的形状或石头的纹理而出现灵感喷涌；音乐家会喜欢乐器发出的声音，乐在其中；数学家对数学艺术的热爱，一如舞蹈家对动作的热爱；作家因对文字表达力的热爱而文思泉涌；画家则会为空

> Out of Our Minds
>
> 发现正确的媒介，往往是个人创造力的涨潮时刻。

① 本书中文简体字版已由湛庐文化策划、浙江人民出版社出版。——编者注

白画布及调色板所蕴含的无尽潜力而感到兴奋。发现正确的媒介，往往是个人创造力的涨潮时刻。

作曲家兼指挥家伦纳德·伯恩斯坦（Leonard Bernstein）曾谈到自己爱上音乐的那一刻：那时他还很小，一天早晨，他走下楼，忽然发现家里的走廊里放着一台立式钢琴。原来，他爸妈答应帮出国的朋友照看钢琴。伯恩斯坦一家不是特别喜欢音乐，他之前也从未这么近距离地观察过真正的钢琴。带着好奇心，他打开琴盖，按下了琴键，声音瞬时从琴弦的振动中传了出来，一股兴奋的热浪在他身体里奔涌着。他不知道为什么会这样，但他当时就意识到，自己想要尽量多花些时间弄出这样的声响来。可见，他找到了自己的媒介。而在此过程中，他为自己的创造潜力打开了大门。

瓷器在18世纪被引入英国。一些精美的、价值连城的瓷器，都是在切尔西瓷厂制成的，该厂于1743年由尼古拉斯·斯派里蒙（Nicholas Sprimont）创办。斯派里蒙在发现瓷器之前是个职业银匠。他的制银手艺很好，赚到的钱足以让他生活得很体面。但他后来发现了瓷器这一新素材，并因此点燃了自己的想象力。他很喜欢瓷器的手感及其所蕴含的可能性。自那以后的20年里，他制作了各种精美的瓷制摆件，远远超过了他在制银事业上取得的成就。可见，他与创作素材的关系以及他对所用媒介的可能性展望，推动了他的创造能量和成就。

出于同样的道理，错误的媒介则会压抑创造力。几年前，我跟一位很棒的文学编辑合做出版了一本书。她对文风有着出色的判断力，极大地提升了我那本书的质量，一如优秀的文学编辑所为。她告诉我，直到40岁她才干上文学编辑这一行。在此之前，她是钢琴演奏家。我问她为什么要改行。她说，她曾与一位杰出的指挥家在伦敦合办音乐会。演出结束后，两人共进晚餐。晚餐结束时，指挥家说她演奏得很精彩，她道了谢。“但你不太享受，对吧？”指挥家说。她吃了一惊，在这之前她一直没有意识到。她说，是呀，确实并不是特别享受，但她从来也没有体验过特别享受的时刻。指挥家问她为什么会做这行，她说：“因为我擅长此道呀！”

> Out of Our Minds
>
> 创造力是人类的根本，它会带给人持久的动力，促使他们用不同的方式去看、去想、去做。

她出身音乐世家，从小就上钢琴课。她在钢琴课上表现出了极高的才华，于是她获得了一个音乐学位，后来又拿到了博士学位，并走上了职业演奏之路。之前，她从不曾停下来想过自己到底想不想这么做，是否真正享受，而其他人也没有这么问过她。她弹钢琴，只是因为她擅长。指挥家说：“擅长一件事就要拿一辈子来做，这个理由可不够好。”接下来的几个星期，她反复斟酌了这个说法，最后得出结论：那位指挥家说得对。她完成了那个演出季，盖上琴盖，再也没有打开过，转而投入了自己真正热爱的图书领域。一旦人们找到了属于自己的媒介，就会发现自己真正的创造优势，真正地成就自己。帮助人们发现自己的创造力，保准能让他们遇见最好的自己。

## 成就真正的自我

智力是多样的、动态的、独特的，创造过程也一样。它可以在人类智力的多个方面运作，目的是要创建动态连接，产生独特的结果。创造力不是一种单一的力量，要么有，要么无。它涉及许多不同的心理机能，是技能和个人素质的组合。我们每个人都有创造力，但很多人却认为自己不够有创意。事实上，他们只是从来没有学习或实践过创造力罢了。创造力是人类的根本，它会带给人持久的动力，促使他们用不同的方式去看、去想、去做。一如乔治·凯利所说，这意味着，没有人应该永远为环境所困："人不应当成为自己传记的受害者。"又或者像荣格所说："发生在我身上的事，不是我。我选择去做的事，才是我。"这就是践行创意的力量和希望所在。

许多人都想与自己天生的优势和创造力建立联系。寻找自己真正的创造力，不仅要靠理性，也要靠感觉。正是通过这两点，我们才实现了彼此连接，创造了复杂、多变的人类文化世界。

OUT OF OUR MINDS

# 06 情感，创造力的重要来源

The Power of Being Creative

Out of Our Minds

创造力的获得不仅与思考有关，更与感觉有关。

## 创造力，思考与情感的二重唱

我曾经在一所大学的人文学院执教过博士课程，最长的博士论文是8万字。这很有必要，因为达到这个节点后，人们必须得停下来。有一回，我面试了一位刚从附近一所大学获得博士学位的求职者。我先问他博士论文有没有字数限制。他愣了一下说："当然没有。"于是我问，他的论文一般有多长。他怀着对这个问题的一丝淡淡的轻蔑说："要多长有多长。"我又问他的博士论文有多长。他扬了扬眉毛似乎是觉得我问得太多余："37万字。"这跟《圣经·旧约》的篇幅差不多了。接着我又问他的论文题目是什么，他说的好像是"论董贝城的高等教育：一些问题探析"什么的。董贝城[①]是英国的一

① 董贝城是作者虚构的地名。——编者注

个地区级城市，人口大约为 27 万。也就是说，他的论文平摊到每个人头上能摊到大约 1.5 个字。他觉得值得用 30 多万字来解释的事情，我并不懂得，但从他论文的副标题你还可以看出，这甚至不是一份完整的研究，而只是对尚未完成的研究进行概述罢了。

## OUT OF OUR MINDS | 数学之美

我曾问过一位数学教授，他怎么评估纯数学的博士论文。我的第一个问题是："纯数学的博士论文有多长？"当我问那位数学教授，纯数学的博士论文是否有字数限制时，他也说："没有，要多长有多长。"我又问，一般是多长呢？教授说，他最近审阅的一篇论文是 26 页。这是整整 26 页数学推导，说不定还得算上等号，但比 37 万字少得多。我问他是怎么评估这些论文的。"它们大概都是对的吧？"我说。（如果你用了三四年时间来修读数学博士学位，结果却被写上评语说："错了，只能得 80 分，来见我。"那你一定郁闷死了。）"不，"他说，"只能说，一般而言是对的。"一般而言？"那么，你怎么评估呢？"我又问。"独创性是一个关键因素，"他告诉我，"与所有学科的博士一样，他们要有新突破，要向我展示一些新东西。"换句话说，论文的主要评判标准是看研究中的创造性如何。"还有另一条标准，"他说，"是审美。论据要简洁，论点要漂亮。"

我问他为什么审美会是重要的考量因素。他告诉我说，数学家们坚定地认为，数学是人类理解大自然真相最纯粹的一种途径。由于大自然本身非常美丽，所以数学家们还有一个同样强烈的假设：论据越是简洁优雅，就越有可能与大自然之美相契合，其成立的可能性也就越大。此时此刻，他就像在

> Out of Our Minds
> 美学是各种创造性工作里的一股强大力量，不只对音乐家、诗人、舞蹈家和设计师成立，而且对科学家和数学家也成立。

讨论一支奏鸣曲、一首诗歌或一支舞蹈一样。不过，在某种程度上看来的确如此。美学是各种创造性工作里的一股强大力量，不只对音乐家、诗人、舞蹈家和设计师成立，而且对科学家和数学家也成立。这就是一个例子，证明创造力不仅包括了学术智力的范畴，而且远远超乎于此。这样的例子还有很多，可见，创造力的获得不仅与思考有关，更与感觉有关。

## 情感的边缘化

18 世纪和 19 世纪，启蒙主义和浪漫主义的代表人物对理智和情感做出了明确的划分：理性主义者排斥感觉；浪漫主义者则只信任感觉。他们以不同的方式得出了同样的认识：理智和感觉来自体验的两个领域，应当旗帜鲜明地独立于彼此。这种分裂的恶果一直延续至今。

理性主义哲学家的目的是通过怀疑推理这一不屈不挠的过程，打破迷信和常识造成的错觉。自然科学（包括物理学和生物学）把感觉、直觉、价值观和信仰等东西看成是让人分心的危险因素，是散漫思维里充斥的黑暗泡沫。所以，启蒙运动的领军人物休谟直截了当地说："如果我们把神性或玄学的论述拿在手里，那么我们需要来问问看，它里面是否包含了有关数量或数字的任何抽象推理？没有。那么，它是否包含了有关事实或存在的任何实验推理？没有。那就把它烧了吧，因为它除了诡辩和幻想，再无其他。"这意味着，生物科学不应对生命的起源和功能做玄学式的假设。所有这些都要求人类从纯粹的事实角度来解释。科学不应当首先假定，有一种逻辑和证据之外的力量会为地球上的生命负责，也不应当对此感兴趣。

人文科学领域也有类似排斥宗教思想和一切超验形式的态度。心理学先驱，包括伊万·巴甫洛夫、沃森（J.B. Watson）和斯金纳（B.F. Skinner）曾研究过人类的各种行为，并排除了各种无形的精神或灵魂设想。他们使用各种不同的方式，完全从社会环境、对体验的习得反应、满足实际生存需求等角度来考察人类行为。行为主义是在20世纪20年代由斯金纳提出的理论，他指出：人可以根据条件养成特定的行为模式。这当然有一定的道理，我们的大部分行为都可以被预测，都会受条件限制。巴甫洛夫在狗身上做的实验就得出了类似的结论。每当要给实验室里的狗喂食时，巴甫洛夫就会摇铃铛。最终，狗一听到铃铛声就会分泌唾液。巴甫洛夫认为人类也具有类似的条件反射。

弗洛伊德提出了一种假设：思维是一种个体与外部世界连接的精神结构。他还对“本我”、“自我”和“超我”做了区分：“本我”是人类行为的原动力，按快乐原则运作；“自我”是有意识的思维，按现实原则运作，它能管理我们的想法、执行机能和与世界的关系；“超我”是道德价值观的根源，是灵性和良心的高尚目标感。在弗洛伊德看来，“自我”始终处在紧张状态，因为它一直在努力对“本我”的原始冲动和“超我”的道德倾向进行管理，处理两者对外部世界相互竞争的需求。保持理性思维，关键在于控制这些不同心理动力之间的复杂关系。因此，从许多方面来看，弗洛伊德的心理学所提出的是：情绪是性格实现平衡的潜在干扰源。

尽管这些设想在人文科学和流行文化中产生了巨大影响，但到20世纪中叶，越来越多的学者和治疗师抛弃了这种机械式的对待人类行为的方法。1960年，杰罗姆·布鲁纳和弗兰克·米勒在哈佛大学成立了认知研究中心，企图跳出行为主义范式的牢笼，探索思维和意识的内在本质。杰出的发展心理学家让·皮亚杰一直以来就主张以定性的方法来理解儿童及成年人了解和感知世界的方式。他和布鲁纳两人的研究对教育理论产生了深远的影响。

许多心理学家和治疗师也反对理性主义和行为主义传统上对感受和情绪持有的完全负面的观念，即莱恩所谓的“负面情绪心理”（negative psychology of affect）。包括莱恩在内的许多人都认为，理性主义心理学模型是一个更大问题的表征：“我们的文明不仅会压抑本能、性欲，还会压抑一切超然形式。”

20世纪初，与理性主义截然不同的人类福祉和情绪健康理论开始出现。威廉·詹姆斯（William James）、维克托·弗兰克尔（Viktor Frankl）、卡尔·荣格、亚伯拉罕·马斯洛、卡尔·罗杰斯（Carl Rogers）和许多其他人，都以自己的方式提出了更为和谐的情感、精神、思维和身体概念。而有些人，如艾伦·沃茨（Alan Watts）和阿道司·赫胥黎（Aldous Huxley）则从古老的东方教诲中获得了灵感。这是因为，东方世界从一开始就并未对思维、身体和灵魂进行严格的区分，未在其中设立牢不可破的藩篱。20世纪60年代，一场错综复杂的反理性主义文化运动加快了步伐，这场运动体现在许多深远的变化之中，文化历史学家雷蒙德·威廉斯（Raymond Williams）当时称之为“情感结构”。

## 个人成长运动

个人成长运动始于20世纪40年代，并于20世纪60年代先后在美国和欧洲蓬勃发展。“个人成长”指的是探讨人与人的关系、提高人们对自我和彼此认知的交友活动。各类交友小组、训练小组会鼓励成员们通过他人的眼睛看待世界，重新认识自我。这些交友活动往往会采用角色扮演、艺术和其他“创意”形式，借鉴荣格和罗杰斯等人提出的各种精神分析理论，并大多结合了来自东方的冥想、瑜伽等身体放松方式。个人成长运动的原则和实践经过多年来的不断发展，现在已成为世界各地的教练、辅导和出版项目的基础。

> Out of Our Minds
>
> 个人成长的两大试金石是个性和真实。

个人成长的两大试金石是个性和真实。一个渴望成长的人，“或许会认为自己在情绪、身体或感官上比想象中更缺乏自主性。他可能会觉得很孤独，很难诚实地与他人沟通。敏感性训练和团体交友的价值正在于诚实和展现真我。”尽管团体交友脱离了个性和行为的学术研究，却吸引了大批付费寻求真实关系的人。个人成长运动还受到了一股渴求狂潮的推动：许多人都想与自己天生的优势和创造力建立联系。

根据卡尔·罗杰斯的说法，有组织的宗教信仰的衰落以及寻找存在的意义的替代源头的需求，刺激了个人成长的蓬勃发展。维克托·弗兰克尔认为，很多人都深受他所谓的“存在真空”（existential vacuum）的痛苦所折磨，他们认为让生命具有价值的终极存在意义已经失去了。弗兰克尔说：“随之而来的空虚和空洞状态，是当前精神治疗领域的一大挑战。”

卡尔·荣格对罗杰斯和弗兰克尔的观点表示认同。在荣格作为心理医生的漫长的职业生涯中，他为“来自所有文明国家”的人提供过咨询。在所有处于人生后半段的患者中，“也就是说那些超过 35 岁的，没有哪一个人的问题，归根结底不是由寻找宗教式人生观所引起的。可以肯定地说，他们之所以会生病，都是因为丧失了各个时代的宗教带给信徒们的那种东西，除非他们能够重新恢复宗教观，否则没有一个人能真正痊愈”。

采用整体疗法的治疗师们全都主张采用系统分析，关注一个人在世界上的整体存在，包括个人感受的真实表达，这里隐含的伦理观是：活在当下。与这种伦理观相呼应的存在观也非常明确，但这一后来被称为“反主流文化”的思潮，并不是彻底的存在主义，而是更多地根植于对形而上学的兴趣。这些个人成长运动的核心是，对唯物主义价值观进行反思，通过替代宗教寻找超验的感觉。由于传统的宗教结构遭到了侵蚀，神秘主义信仰、原教旨主义宗教和各种邪教开始扩散和繁殖。与此同时，越来越多的人开始对所谓的准科学（para-sciences）、超感知觉和超常规意识状态产生了兴趣。

## 情绪困扰

尽管反主流文化运动做出了最大的努力，但是心理健康领域的主流文化仍专注于对情绪困扰进行补救的治疗上，这对制药行业来说可是个不容置疑的利好消息。过去 100 年的绝大多数时间里，精神健康护理的整栋复杂大厦，都建立在情绪困扰的概念之上。帮助人们应对自己的情绪，如今已经成了全球性行业。一波又一波的患者饱受情绪困扰，他们大多存在自我形象问题、人际关系问题，以及从短期沮丧到全面失控等大小不一的创伤问题，为心理咨询师、治疗师、心理学家和精神科医生提供了源源不绝的生计。这些问题并不仅限于临床困扰，因为很多人都觉得自己的身体与感觉脱节了。咨询公司和出版机构对高素质专业人才的需求如雨后春笋般地涌现，并致力于提高他们的沟通技巧，恢复人们的自信，以帮助他们与他人建立联系。

## 软技能

近年来，一场名为“积极心理学”[①]的运动开始兴起，主要是对幸福进行研究。越来越多的人意识到丹尼尔·戈尔曼（Daniel Goleman）所说的情商的重要性。情商包括了一系列的个人和人际特质：理解并表达个人感受的能力；与他人相处，清晰沟通、对倾听者怀有同理心的能力；积极并敏感地反馈新局面的能力。现在，人们认为这些所谓的“软技能”是在家庭和职场中建立富有成效的关系的关键因素，也是新兴领导风格中的重要元素。情商较高的人，进入组织最高层的可能性会比较大，他们可以领导组织迎接不确定的未来。这样的创造力领导者，更可能会训练、辅导（而不是指示）自己的员工，鼓励他们培养起独特的技巧和能力。

企业领导者常说，现如今进入职场的人，似乎比前几代人的能力更弱了。“情感的边缘化”说不定会比从前更加明显。戈尔曼对学生和教师进行的调查揭示了“一股世界范围内的新趋势，这一代人比上一代更加容易受到情绪困扰：他们更孤独，更压抑，更愤怒，更任性，更紧张，更容易担忧，更冲动和更具侵略性”。而且他认为，世界各地的人都面临着同样的问题。

造成这一局面的原因有很多。尤其在发达经济体中，核心家庭正在迅速

① “积极心理学”的主要代表人物马丁·塞利格曼在学术生涯中对幸福展开了深入研究，其幸福五部曲《持续的幸福》《真实的幸福》《活出最乐观的自己》《认识自己，接纳自己》《教出乐观的孩子》已由湛庐文化策划、浙江人民出版社出版。——编者注

消失：结婚的人越来越少，而且就算是结了婚，离婚率也达到了历史最高水平；成年人工作的时间变得更长，照料孩子的时间却变得更短。不管家庭环境如何，很多年轻人都花费了大量时间泡在形形色色的网络海洋中，而不是和孩子们在现实空间中一起玩耍。按戈尔曼的说法是，因为父母们担心坏人，所以除非有成人陪同，孩子们一般不准出门去玩，这样就错过了“过去在住宅区里司空见惯的游戏，这些游戏可以帮助孩子们培养各类生活技能，比如控制愤怒和解决争议的能力”。

## OUT OF OUR MINDS | 奖励一卷旧绳子

说到家庭，直到我儿子詹姆斯在 12 岁那年为年终考试进行准备时，我才清楚地意识到：人类是身心合一的生物，而不仅仅是寄居在身体里的精神。考试前几个星期，他问我，如果他考试成绩很好，能不能给他买一台游戏机。我们说不行。他问，既然如此，那他去考试的动力是什么呢？我们说：“爸妈都会为你高兴。”他当然不为所动。碰巧，他的成绩真的很理想。几个星期后，他再次提起了关于游戏机的话题。这一次，我们心软了——主要是因为那时我也挺想要一台的。我们一起进城去买游戏机，顺便还买了好几套游戏。我用了一个小时把游戏机安装好，之后就任由儿子去尝鲜了。

楼下的厨房里，我 8 岁的女儿凯特正站在一卷长长的旧绳子前，那是她在花园中的小棚子里找到的。她问我能不能帮她搭个秋千。我找了些木板当搁板，把绳子缠在一棵苹果树的枝杈上，一个秋千就大功告成了。

过了几个小时，詹姆斯来到楼下，看见妹妹坐在秋千上，就兴致勃勃地冲过去跟她一起玩。后来，他们那天一直在荡秋千，第二天也在玩。事实上，整个夏天他们都乐此不疲。他们围绕秋千发明了各种游戏——新的动作、花式、马戏团套路，还幻想了各种场面。他们笑，他们闹，他们一起动手，最后，秋千下面的地上都磨出了一道深沟。户外活动和肢体游戏催生了他们的想象力，带给他们的快乐远超楼上那台标价几百美元的游戏机。那时我想，倘若几个星期以前，当詹姆斯问他考试考得好能得到什么奖励的时候，我若是回答说奖励他一卷旧绳子，他恐怕不会太乐意！

较之与同龄人进行肢体活动和面对面的交流，各个年级的许多学生现在都会花更多时间在学习和玩电脑上。许多国家采用的都是标准化的考试制度，这就意味着学生们要在越来越大的竞争压力下努力。很多学校系统都已取消了艺术实践课程，断绝了它们能为学生们带来的情感投入的机会。更突出的问题是，体育课程以及体育活动带来的身体和精神能量的贯通感，也遭到了严重削减。

但这些与教育有关的因素，并不全都是新近出现的。学历教育一直都将情感培养放在边缘位置。20世纪70年代，牛津大学心理治疗系讲师安东尼·斯托尔（Anthony Storr）曾说，他看到过很多所谓的“牛津神经官能症”案例，他将之形容为“智力早熟，但情感不成熟”。虽然将各类情绪困扰都归咎于教育过度未免太过轻率，但毫无疑问，在当时，正规教育和培训在西方文化中完全就是“情感边缘化”问题的罪魁祸首。传统学术课程在很大程度上忽略了培养倾听和移情等“软技能”的重要性。这不是巧合，也不是疏忽，而是学院派的结构特征。

# 理性人假设与自然人假设

过去250年间，启蒙运动和浪漫主义这两种世界观之间的关系一直很紧张。两者都崇尚个人主义，尽管这两大文化运动在“人怎样成为独立的个体”上看法不同。我将它们区分为“理性的个人观”和“自然的个人观”，这两种观点都有可能会加剧智力和情感的分裂。

## 理性的个人

在理性主义的世界观看来，个体拥有进行思考的某些特性，而这些都应由教育予以促进。哲学和科学研究系统之间的诸多分歧，便是从理性主义世界观演进而来的。所有分歧都有一些共同特征：逻辑和教育的力量是独立思考的真正标志；这些力量是有关于个人和物质世界最可靠的知识来源；知识是客观的，它独立于文化价值观和个人感受。

建立在理性个人主义基础上的教育方法有着共同的假设：教育应当着眼于提升理性思维状态的过程，尤其是通过培养“逻辑 - 演绎”推理能力来提升。理性思维是通过吸收“逻辑 - 演绎”推理能力所提供的各种知识来发展的。教师的主要作用之一就是传播知识，从这个意义上讲，教育是启蒙的一种形式。

## 自然的个人

与理性的个人相比，自然个人主义所采取的假设则完全不同。它认为，每个孩子天生都是独特的，他们拥有内在的才能和情感。教育应当引导这些素质，而不是用成人世界的价值观和思想去“打压”它们。教育不应该以知识为基础，而应该以儿童为中心。自然主义教育模式做出了如下假设。

- 教育应促进儿童的全面发展，而不仅仅是关注他们的学术能力。它应该将他们的感受、生理发展、道德教育和创造力都激发出来。
- 对自我的认识和对外部世界的认识一样重要。探索个人感受和价值观至关重要，也是人们发挥想象力、表达自我的机会。
- 教师的主要作用之一是，激发每个孩子的个性。从这个意义上讲，教育是一个自我实现的过程。

像理性个人主义一样，自然个人主义的文化根基也很深。自然个人主义世界观是 18 世纪浪漫主义的核心理念。1780 年，雅克·卢梭出版了《爱弥儿：论教育》，主张采用基于游戏、玩耍和体育的教育方法。他希望教育能珍视童年，不再对青少年强加成年人的价值观。在接下来的 200 多年里，许多“以儿童为中心”的教育先驱从不同角度阐述了玩耍和创造力的重要性。一些人甚至自行设计了特殊的系统来对此观点给予促进。这些人包括约翰·裴斯泰洛齐（Johann Pestalozzi）、弗里德里希·福禄贝尔（Friedrich Froebel）、玛丽亚·蒙台梭利（Maria Montessori）①、鲁道夫·斯坦纳（Rudolf Steiner）、卡尔·奥尔夫（Carl Orff）和约翰·杜威（John Dewey）。

这些人都认为，教育最重要的目的是鼓励儿童的自然天赋和个性的发展。他们以不同方式指出，教师应当允许孩子遵循发展的自然模式，而不是给予标准化的指导。教师要像雕刻家那样，按照每个孩子性格的独特之处慢慢地揭示其内心完整的个性。自然个人主义不只关心儿童的智力发展，还关心他

---

① 介绍蒙台梭利教学法的《蒙台梭利教育精华》中文简体字版已由湛庐文化策划、浙江人民出版社出版。——编者注

们的情感、精神和身体成长。归根结底，自然主义者们希望教师们能全面地对待孩子的身体和精神。

很早以前，哲学家柏拉图和亚里士多德就意识到身体和想象力的价值，但在 19 世纪，一个新视角崛起了。达尔文的进化论让人类发展成为科学研究的主题，在此基础上产生了一种假设，人类的所有行为都与本物种的生存有关。由于婴儿和儿童会花费大量时间玩耍，故此玩耍肯定有着生物学上的功能。20 世纪 20 年代和 30 年代，玩耍心理学的发展以及“进步”教育理论对主流教育政策都产生了影响。纵观过去 100 年间，人们一直迫切地要求学校采用更具创造力的教学方法。

在美国，约翰 · 杜威在自己的“实验学校”（Laboratory School）中开发出了一种全新的教学方法。在纽约道尔顿学校（Dalton School）和密苏里州的波特学校（Porter School），老师们鼓励学生们在“做中学”。这些想法可以划入 20 世纪 30 年代一场范围更大的运动，该运动旨在鼓励学生们发展自己的创造力和自我表达能力。在约翰 · 杜威等人推动更自由的教育方式之时，马卡连柯（A.S. Makarenko）也在俄罗斯设计出了自己的教育系统。当时正值革命爆发，数百万名儿童流离失所，无家可归。马卡连柯出于实际需求和集体责任感为教育内容设计出了一套基础制度。因为意识到孩子们内心有着莫大的痛苦，他发现，创造活动、美和愉悦给孩子们带来了巨大的价值，促使他们组织了很有影响力的音乐群体项目，创作出了戏剧和舞蹈。

1931 年，英国的一份关于小学教育的报告称，教育必须着眼于儿童的整个身心，需要强调玩耍、自我表达和创造活动的重要性，“如果心理学家们说得没错，那么它们与儿童知觉和感受的发育之间就会存在密切的关系”。

报告提出，人们必须反思把学校课程当成多门科目拼图的主导趋势，也不能把工作仅仅当成孩子们应掌握的功课的根源。教育必须从体验、好奇心以及儿童本身力量的觉醒入手。

20 世纪五六十年代，自然主义开始在教育界抬头，部分原因在于，人们认为它代表了一种更为平等的教育方法。自然主义认为，学历教育将感觉、直觉、审美能力和创造力这些让人之所以成为人的东西边缘化了。20 世纪六七十年代，教育界出现了一种关注趋势，希望推动富有情感的生活，教育应着眼于培养自我表达和创造力的观点也由此扎下根来。这一关注趋势跟正规教育之外的个人成长运动的深远发展有着莫大的关系。

## 情感教育

在教育界，主张自然主义方法的开拓者们并没有固定的哲学观点，也没有共同主张的做法，一如理性主义哲学观的拥护者们并非全都拥有同一种看法一样。他们有时会存在巨大的分歧，每个人都会提出一套极为微妙的人类发展概念，并应用由自己设计的非常复杂的教学方法。随着他们的设想和方法渗入公共教育领域的广泛实践，理性个人主义和自然个人主义的普遍理想变成了两种截然不同的选择：要么选择以学科为基础的传统学历教育；要么选择以儿童为中心的进步教育。极端地看，它们似乎没有太多共同之处，但至少在两个方面上，它们有着共同的出发点。

首先，它们都主张使个人摆脱文化桎梏。对于理性主义者而言，个人能通过理性和客观思考的能力，免受文化的影响。由于客观知识独立于人和文化而存在，理性的个人就能不受文化偏见的左右，看到世界的本来面目。自然主义的目的是，将个人精神从文化压力中解放出来，揭示真实的自我。由于每个人都是独一无二的，所以只要有足够的创造力空间，真实的自我就会像蝴蝶那般破茧而出。在这个方面，这两种理想都跳出了传统文化的藩篱。

其次，它们强化了智力和情感之间的分野。个人成长和自然个人主义是对客观主义的反对，它们反对把知识看成与个人无关的东西。我稍后会详细论述这一观点。但如果朝着主观主义的方向走得太远，也是很危险的，因为这种观点认为个体意识会完全独立于其他人的世界。

莱恩提出，人在与世界及与自己的关系中感到分裂，就会形成分裂性人格。分裂性人格无法完整地体验世界，而是会对世界感到绝望。就算这么说夸大了主观主义的危害，它的基本原则却仍然适用，即如果一个人不能在客观和主观上同时存在，而只有主观上的身份，那“他就不可能是真实的”。换句话说，在对外部世界的认知与对自己的认知之间，我们必须维持健康而积极的关系。那么，认知与感受之间的真正联系是怎么样的？它对创造力又会产生什么影响呢？

## 理智与情感

笛卡儿曾说：“我思故我在。”罗伯特·威特金（Robert Witkin）则指出：“我觉故我在。”感觉是人类意识的一种持续维度，存在就意味着有感觉。感觉涵盖了极为广泛的主观状态：从平静的直觉到肆虐的身体暴怒。总而言之，感觉是感知的形式。我们对某种东西的

> Out of Our Minds
>
> 感觉是人类意识的一种持续维度，存在就意味着有感觉。

感觉，就是我们与之关系的表达。从这个意义上说，感觉是一种评估。比如，死亡时悲痛，出生时欣喜，成功时快乐，失败时沮丧，落空时失望。我们之所以能体验到多种多样的感受，正是因为我们对事、对人、对自我的感觉是复杂的。例如，恐惧与愤怒不同，因为把一种东西视为威胁与把一种东西视为阻挠是不一样的。这些不同感觉在生理和由之导致的行为上会产生不同的后果。

总体而言，情绪是感觉的紧张状态，它涉及强烈的生理反应。当两个人同时掉进河里时，他们可能会体验到极为不同的情绪：擅长游泳的人或许会觉得生气或沮丧，而不会游泳的人则可能会感到恐慌。在两种情况下，他们都体验到了清冽之水的情绪唤起，它们与情绪态度相关，但又有所不同。

人在恐惧或愤怒时，肾上腺激素的释放会致使身体产生剧烈的情绪反应，以回应危险事故：血液会从消化系统流到肌肉；心跳加快；肝脏会释放出糖分；汗腺会受到刺激，等等。我们面临危险或极端环境时所能体验到的情绪唤起，会推动我们不假思索地采取必要的行动：要么迎战，要么逃走。如果这些我们“准备”好的肢体行动未能发生或受到抑制，那我们就会从生理上感到压抑。本来身体里激素水平的提高需要通过行动来释放，但现在却必须随着人的整个系统趋于平静，慢慢地散去。

当形势出现变化，我们的身体状态逐渐稳定下来时，情绪唤起就会消退；而受抑制的感觉要直到这个过程完毕才会消失。如果唤起情绪的事件经常重复，比如你经常被狗咬，频繁地跌进河里，那么你可能就会对狗或河流产生巨大的恐惧感。一旦靠近或想起这些事，潜伏的感觉就会爆发。

研究表明,我们许多情绪反应的根源深藏在人类大脑最初进化的那部分。这个“旧”脑区域包括了杏仁核:大脑内侧颞叶杏仁状的核体——它是边缘系统的一部分。大脑较古老的区域在调控、维持生命的基本身体机能,包括呼吸和其他器官的新陈代谢等方面发挥着基础性的作用。它们参与控制的是无须放缓有意识思考过程的固定反应和运动。理性和抽象的思考是在大脑进化较晚阶段才发展起来的,与新皮层(横跨大脑两个半球表面的迂回褶皱)、额叶的发育关联极大。

较古老的脑区并不会进行通常意义上的思考或学习。正如戈尔曼所指出的,它主要是一套预先设定好的稳压器,功能是维持身体运行,以确保对环境做出反应。这并不意味着感觉和理性是彼此隔绝的。大脑的所有区域都会通过复杂的神经回路保持连接。理智与情绪、感觉和理性之间始终相互关联,这对两者的正常运作和维护都是至关重要的。

在某种意义上,我们确实拥有两种认识世界并与之互动的不同方式,即理性方式与感性方式。这种区别大致相当于民间对心与脑的划分;“心里知道某件事正确,是一种不同层次的信念,比伴随着理性思维的确定和思考更深刻”。理性和感性对思维的控制力度呈稳定渐变趋势:感觉越是强烈,情绪思维越是占主导地位,理性也就越不会起作用。这种安排似乎是这样的:“在生命处于危险状态,花时间思考就会害我们丧命的情况下,让情绪和直觉指引我们的瞬时反应具有进化优势,而且这种优势经过了无数世代的累积。”

随着人走向成熟,理智和情感的平衡会有所变化。或者说,理应如此。新生儿无法控制自己的情绪,会被饥饿感、挫败感或满足感所左右。他们会通过声音、面部表情和动作来表达这些感受。学步期和青春期(这是童年转入青少年、青少年转入成年的两个关键发育期）充满了动荡的情绪和心情波动。人类在从孩童成长为成年人的过程中，情绪控制力一般会不断增强。因此，如果成年人像婴儿一样在会议中号叫，或因为事情不如意而哭泣，那我们肯定会感到惊愕，所以，我们会为成年人的情绪失控而备感困扰。

成长和成熟，并不是压抑情感，或是无视情感的重要性。在意识的复杂生态中，“情感导师指引着我们每一刻的决策，手把手地帮我们跟理性思维合作，以促成或打消思考”。同样，除了情绪失控、“情绪脑”为所欲为的时候，“思考脑”在我们的情绪中扮演着执行的角色。没有情商，智力就无法有最出色的表现。维持理智与情感的平衡，对人格的平衡至关重要。思考和感觉的关系，是包括艺术与科学在内的各个领域创造力发挥过程的核心。

Out of Our Minds

思考和感觉的关系，是包括艺术与科学在内的各个领域创造力发挥过程的核心。

## 艺术与科学

对艺术和科学的区分，启蒙运动和浪漫主义的遗产中存在着许多错误的常识性假设。它们认为科学与知识、事实和客观性有关；而艺术与情绪、自我表达、存在和主观性有关。科学显然是纯知识的，而艺术则是个人内省的；科学是实用的，而艺术则是可有可无的。形容科学家时，我们通常用“讲究方法、冷静客观”；而形容艺术家时，则通常用“表达丰富、充满激情和创造力”。实际上，艺术和科学的创造过程有着许多相似之处，两者的密切程度超乎我们的想象。两者都具有客观和主观因素，两者都要依赖知识、情感、直觉和非逻辑因素。

在任何领域，创造力都不是一件严格符合逻辑的事情。它不光需要从现有的观点中取经，也需要从感受和直觉里取经。它不光依赖知识和实践技能，也依赖于顽皮的想象。我们最棒的主意有时候根本未经由意识的思考就跳进了脑海。如果我们没有想通某件事情，可以试试带着问题睡个觉，或者干脆把它放到“脑袋的后台”，让潜意识无声地“碾磨”它，效果可能会更好。说不定，解决方法自动就会跳出来。感受、预感、潜意识知觉和直觉可以在创造性工作中扮演核心角色。美感，即对美的感受，也一样。所有领域，从舞蹈到微积分，全都如此。

科学与艺术都涉及个人激情，都可以非常有创意。我们对世界有着怎样的感受，感受到的世界是怎么一回事，科学和艺术在这些方面上都有着相当大的影响力。艺术和科学的这些特点对我们应该如何看待创造过程有着很大的启示，更关系到我们该如何在教育和培训中发挥创造力。

若要讨论艺术和科学，我们就不得不引出定义两者的复杂问题。科学涵盖了范围巨大的学科和领域，从自然科学到物理学，从人类个性研究到社会制度研究，不一而足。相反，艺术同样涵盖了历史与不同文化中的广泛实践、风格和传统，从美术到工艺、设计，再到传统民间艺术。为了方便讨论，我们姑且比较它们各自最极端的部分好了：前者，我们以物理学为例，它考察的是无生命的世界；而后者，我们以美术为例，它关注的是人类情感。

## 科学工作

科学的主要过程是解释。科学家的着眼点是理解世界的运作方式，目的是对事件进行系统化的解释，且此种解释可以由论据进行验证。这里隐含的假设是：人类有可能会提出“一套适用于万物的理论”，而每位科学家都正在为由诸多解释性观点构成的马赛克拼图贡献力量。科学家们旁观正在调查的事件，生成独立于其他人所提出的知识：也就是说，科学是对重复审视其观察的人都成立的知识。科学认识的主要方式是“逻辑 - 演绎”推理，并由此生成命题性知识。

如前所述，在探讨智力测验的影响时，人们有时会假设科学“无可指摘，不受社会影响，是通过一些精确构想的流程，在纯科学的探究氛围下设计出来的”。现实情况却不是这样。科学是活生生的人所从事的工作。表面上看来无关个人的科学探究过程，事实上涉及科学家在 4 个方面的个性化承诺，它们分别是问题的选择、科学的方法、个人判断和客观性标准。

## | 问题的选择|

科学家首先要做的一件事是，确定探究的领域以及一组自己感兴趣的问题。这一决定可能包含在重重的个人利益与动机网络里。科学的历史，就是不同的人为吸引了自己个人能量的具体问题所投入热情的历史。迈克尔 · 波兰尼曾谈到过科学的知性激情。激情是价值的表达，正面的激情意味着某件东西对我们来说很重要。在特定领域中有所成就的人，一般都是由热爱所驱动的，这种热爱是一种对所涉及过程性质的激情。

“心流”这个词可以用来形容人沉浸在某件可以让他彻底投入创造力，也同样需要他调动知识、感觉和直觉的事情当中。当人将自己的天赋发挥到巅峰时，一般就会获得相应的回报。科学家们有所发现时的兴奋，“是一种求知欲，它会告诉我们某事很珍贵，对科学尤为珍贵”。这种兴奋不是科学研究的副产品，而是这一过程的一部分：它可以对正在研究的问题给予个人郑重的承诺。

## | 科学的方法 |

与所有人一样，只有当科学家投入研究的概念真实可靠时，他才是理性的。笛卡儿想透过对这个世界的常识性假设，获得更加理性的现实感。他的方法是用另一套假设替换前一套，即代之以数学和几何演绎推理的原则。他在《谈谈方法》（*Discourse on Method*）一书中写道：“几何通过简单的长推理链，推导出了最难以证明的结论。这让我想到，所有东西也都是以相同方式与人类掌握的知识相互连接起来的。”

正如笛卡儿接受数学和几何学的假设一样，所有的科学家也都接受了某种方法和程序模式的合理性。他们认同特定的阐释框架，并信任这一框架的可靠性。天文学家以数学的有效性为前提，而数学家则以逻辑的有效性为前提，以此类推。如果事实证明这些结构有错，那么科学探究的整个框架就会出现崩塌。这种情况真的会发生，一旦占据主导地位的现有思考结构被证明存在不足和欠缺，就会出现托马斯·库恩所描述的科学认识的重大范式转变。

## | 个人判断 |

虽然科学家们接受这种框架，却并不能决定特定科学探究的具体过程。科学家们需要拟定假设，并设计实验。在实验的过程中，他们要进行相当程度的个人判断。一旦所有统计信息都得到了编码和计算，即计算机屏幕上精心罗列的一行行数据，那么我们这时就需要对信息和数据进行分析和阐释，并赋予其意义。在所有科学研究的核心位置，个人判断力永远有它的一席之地，无法被根除，也不应该被根除。个人判断力恐怕可以说是科学家最为敏锐的仪器了。

科学家确实会依赖逻辑分析，但并不为逻辑分析所限。逻辑分析是科学家们使用的方法之一。但除了逻辑分析之外，还有另一些完全不需要逻辑分析的方法。事实上，直觉对科学研究同样重要。科学发现往往来自出乎意料的想象力飞越：突然跳过了逻辑的鸿沟，新的洞见、联想、以前所忽视的可能性，都会为寻找问题的解决方案带去启示。许多伟大发现都是直觉带来的结果。科学家们并不总是沿着逻辑分析的道路前进。他们可能在还没做实验的时候就靠直觉“感知”到了解决方案或成果，接着便能设计出测试，看看之前的假设是否能够得到证实。每次尝试都要尽可能地讲究方法。虽说理性分析发挥了一定的作用，但它始终只是科学实践过程中的一部分。

## | 客观性标准 |

客观性并不能保证我们会获得真理。科学论据可以是客观的，却不一定是真实的。它完全有可能既客观又错误。在中世纪，科学家和大众都相信太阳绕着地球转。他们每一天都会看到此情此景。他们的结论是完全客观的，却是完全错误的。客观的判断，指的是使用特定社群约定的标准进行检验。科学家使用的方法和标准，在科学社群内是一致的。但这并不是说，客观意味着一切都与个人无关。它们非但不是“无关个人”的，还恰恰是“人际之间”的，虽然这并不能保证它们与事物本来的面目一致。原因在于，“客观的知识世界是人为的”。

随着新证据和新观点浮出水面，科学知识也应得到修正。科学认识是创造性思维的产物。科学研究的基本过程是争论和辩论，是在新观点或新证据的帮助下挑战

> Out of Our Minds
>
> 科学认识是创造性思维的产物。

现有的知识理念，或在现有的知识上继续搭建新的设想。这就是科学研究的知性兴奋和创造冲动。它关注的不仅仅是事实，更包括什么可算作事实；不仅涉及观察，更涉及阐释和意义。在所有这些方面，创造力都处在核心位置上。

## 艺术创作

艺术创作的主要过程是描述。艺术家从事的是描述和唤起体验性质的活动。诗人书写爱情和哀愁，是为了表达个人存在的状态：一种情绪或情感。作曲家尝试用音乐捕捉感受，是为了在听众心中唤起它；而艺术家关心的则是通过自己的感知去认识世界：通过想象出来的替代品，或者去制造出能表达这些想法的物件。

艺术的核心是“人的有意而为之”。艺术家会把物体和事件变成思考的对象。作曲家创作音乐，画家创造画作，舞者创造舞蹈，作家创作书籍、戏剧、小说和诗歌。从素材、感性和审美的角度来看，作品的形式体现着它的意义。艺术家不关心系统化阐释，只关心捕捉到个人洞见和体验性质的独特表达形式。

艺术家回应的是任何能打动自己的想法。这些想法可能是社会或政治理念，而戏剧、电影或文学尤其如此，因为它们直接关系到人的行为及其动机。艺术家也可能会对自己所属领域的形式问题和观念萌生兴趣。这是现代

> Out of Our Minds
>
> 艺术家和科学家的区别，不在于他们对什么东西感兴趣，而在于这种东西怎么让他们感兴趣。

主义音乐、戏剧、文学和绘画的一大驱动力。形式主义、观念主义和立体主义等，都以探索艺术形式本身的性质和局限性为主要考虑标准。“通过艺术表达情感”和“单纯地宣泄情感”是有区别的。艺术创造过程以创作艺术品为中心。艺术家不光表达感受，也表达有关感受的想法；他们不光表达想法，也表达对想法的感觉。在这样做的过程中，他们可以借鉴自己置身的所有领域。

作家福斯特（E.M. Forster）曾说，在创作状态中，我们会跳出正常的思维方式，当我们朝着自己的潜意识之海放下水桶时，说不定能从中打捞起一些意识触及不到的东西。福斯特说，艺术家会“把这种东西跟自己的正常体验糅合起来，再根据这一混合物创造出艺术作品。创作过程会利用许多技术上的独创性和世俗的知识；它可能会得益于批评标准，但桶里捞上来的东西，却不是按需随手可得的”。可见，艺术创作过程是为生活感受赋予表达形式、连贯性和意义。

艺术家们并不总是处在情绪爆发的状态下。他们确实会制造独创作品，而其中最优秀的人也确实具有高度的创造力。但艺术创作还可能涉及大量的例行实践。看看舞蹈团排练或音乐家练习演奏吧！写小说和吟诗，既要靠灵感，又要靠勤勉地磨练技艺。与科学一样，艺术创造力需要艺术家们对素材和想法进行控制，并在打磨具体表达形式时高度自律。

### | 意义和阐释 |

与艺术作品互动，并尝试从自己的角度理解它们，这同样也是创造过程。欣赏戏剧时，观众要解读的内容，不是靠读懂剧本的表面意义就能系统化地揭示出来的。与演员及导演一样，观众也应参与阐释。戏剧阐释的开放性体现在两个层面：一是戏剧本身表达了什么，二是这出戏剧要表达什么。随着剧中人分散的行动，戏剧逐渐展开，而观众则在开始阐释剧情所要表达的内容。事实上，只有当戏剧结束时，人们才能从整体上理解它。

我说“从自己的角度理解”，是因为戏剧对我们的意义与它对演员、剧作家和导演的意义完全不同。剧作家是在用抽象形式在纸面上还原丰富的三维世界，只用逻辑分析手段是无法推导出表演的。导演和演员依靠直觉、技能和文化知识，持续地对戏剧予以阐释，这才把戏剧世界变得鲜活起来。剧本会对表演进行指导，却不能决定表演。

波兰导演耶日·格洛托夫斯基（Jerzy Grotowski）发现，对我们而言，所有伟大的文本都代表了一个深深的鸿沟：“就说哈姆雷特吧，每一位教授都会告诉我们，他们找到了‘客观’的哈姆雷特，他们向我们推荐了‘革命的’哈姆雷特、‘反叛而无能的’哈姆雷特和‘局外人’哈姆雷特。但这其中并没有‘客观’的哈姆雷特。每一部伟大作品的强项，其实都在于它的催化作用，它只是打开大门的钥匙罢了。”

正是基于这个原因，令人难忘的表演不仅会给剧作家的原创作品烙上深刻的印迹，还会给展现作品的演员打上深刻的印迹：比如由英国著名多产演员、20 世纪最伟大的莎士比亚剧演员约翰·吉尔古德（John Gielgud）所饰演的哈姆雷特，以及由著名演员大卫·沃纳（David Warner）所饰演的哈姆雷特等。

基于个人品位和文化价值观，不同的人对艺术作品所做的判断往往会存在着深刻的分歧。艺术作品的意义虽不能用尺子来衡量，但并不意味着我们就无法判断它。没有事实根据的个人观点和理性判断是有区别的。客观性意味着人们应根据公开的标准、参考作品本身蕴含的证据对之进行判断。在这个意义上，探讨创作、理解艺术的客观过程是合乎道理的。认为艺术判断纯属个人意见，与认为所有科学观点都是不容争辩的事实一样，是完全错误的。意义和阐释是所有创作过程的核心。

尽管科学发现往往与特定的科学家挂钩，但一般而言，科学发现和科学家的关系与画作之于画家很不一样。1959 年，沃森[①]和克里克发现了 DNA 的双螺旋结构，并将其描述成了生命的基石。虽然他们最先发现了 DNA 的结构，但 DNA 的存在却与他们完全没关系。任何科学家依靠相同的探究和计算方式，都能得出同样的结论。如果不能得出同样的结论，那就是证据或程序有问题。相反，艺术完全不是这样的。两个或两个以上的艺术家，从同一个出发点出发，几乎肯定会得到不同的结果。数学家或科学家可能是第一个生产出特定知识作品的人；而画家、诗人或舞者却是产出作品的唯一人。可见，艺术作品始终为艺术家所独有。

艺术作品属于个人，从这个意义上来说，数学里的方程式和运算则不一样，因为有能力重复结果是数学有效性的根本体现。艺术却不是这样，艺术家的作品对创作者而言是独一无二的，这也就是学术界总喜欢翻检艺术家传记的原因。

艺术作品可以是艺术家感兴趣的任何东西，正如科学实验或理论可以与科学家感兴趣的任何东西相关一样。艺术家和科学家可以拥有相同的研究主

① 20 世纪分子生物学的带头人之一，“DNA 之父”。其著作《双螺旋》（插图注释本）中文简体字版已由湛庐文化策划、浙江人民出版社出版。——编者注

题：画家和地理学家有可能会对自然景观产生同样的激情；小说家和心理学家有可能会对人类关系产生同样的激情；诗人和生物学家有可能会对意识的本质产生同样的激情。

艺术家和科学家的区别，不在于他们对什么东西感兴趣，而在于这种东西怎么让他们感兴趣。这一区别源于他们寻找的知识类型，源于这些过程的功能，源于他们所利用的认识的模式。艺术家和科学家不见得总是不一样的。在文艺复兴时期，人们可以自由自在地漫游在艺术和科学这两大领域中，虽然我们现在认为艺术与科学之间横亘着一条巨大的鸿沟。

一旦认识到艺术与科学有着共同的创造过程，我们就可以开展广泛的合作项目。说不定能引发新一轮的文艺复兴呢！我们这个时代对人类意识、对知识与感受的关系有了更全面的理解，也更清楚我们的思考和感受为什么会构成理解周遭世界和内心世界的部分创作过程。新的文艺复兴运动就将建立在这一基础上。

## 突破理性的藩篱，让创造力迸发

从字面上看，没有情感的世界就是没有人性的。我们会对缺乏人性的人给予最强烈的谴责。然而，我们的教育系统在发展人的个性这一层面做的实在是太少了。路易斯·阿诺·里德（Louis Arnaud Reid）曾这么说过："忽视情感研究及其在整个思维经济中的位置，无疑会为哲学和教育带来灾难性的

> Out of Our Minds
>
> 寻找自己真正的创造力，不仅要靠理性，也要靠感觉。正是通过这两者，我们才实现了彼此连接，创造出了复杂多变的人类文化世界。

后果。情感在各种认知中扮演的角色，比我们通常理解和承认的要多得多。”对自己和他人敏感，是个性发展的重要元素，也是当今企业、社会和个人生活所迫切需要的。寻找自己真正的创造力，不仅要靠理性，也要靠感觉。正是通过这两者，我们才实现了彼此连接，创造出了复杂多变的人类文化世界。

有关创造力的典型形象是，孤独的天才英勇地抵抗着传统的潮流，追求此前没有人提出过的观点。但“孤独天才”的形象可能会让人产生误解，原创观点并不是从文化真空里出现的。

OUT OF OUR MINDS

# 07

# 你并不是一个人在战斗

The Power of Being Creative

Out of Our Minds

个人创造力几乎总是来自他人的作品、想法和成就的激发。

## 单打独斗的天才只是特例

有关创造力的典型形象是：孤独的天才英勇地抵抗着传统的潮流，追寻此前没有人提出过的观点。此外，还有无数具有代表性的人物，他们都在自己的工作领域中做出了开创性贡献。我在前面的章节中提到了一些人，包括伽利略、牛顿、玛莎·格莱姆等，但“孤独天才”的形象可能会让人产生误解。原创的观点或许来自这些人思维中的创造灵感，但它们并不是从文化真空里出现的。只有在极其罕见的情况下，人才会与文化完全隔绝，不受文化的影响。个人创造力几乎总是来自他人的作品、想法和成就的激发。一如牛顿的名言，“如果说我比别人看得更远些，那是因为我站在了巨人的肩膀上”。即使是单独工作，其创造性也有着无法摆脱的文化大环境。

实际上，我们看待世界的方式深受自己与他人的关系的影响，这不光是指我们一起创造了共有的表达形式，比如我们所说的语言。我们每个人都有自己的生活，但我们所创造的大部分东西却是彼此共有的。我们共同创造的东西，就是人类的文化。用人类学家克利福德·格尔茨（Clifford Geertz）的话来说就是，人类的所有生活都悬挂在我们自己织就的"意义之网"上。创造力就是这些丝网交织起来的过程，它来自我们与他人的互动，而所有这些互动都被织入了人类文化的华美锦带。在这里，创造力和文化便是人类认知的经纬线。

自 18 世纪后期以来，文化在某种意义上就是知识或社会精益求精的整体过程。从这个意义上说，我们可以把人形容为"有文化"的。"有文化"尤其跟艺术鉴赏相关。推而广之，文化也意味着艺术和智力活动的整个领域。人们往往会对高雅艺术和流行文化加以区分。"高雅艺术"通常是指歌剧、古典音乐、芭蕾舞、现代舞、绘画、严肃文学和电影。而"流行文化"则是指流行音乐、通俗电影和电视、时尚、设计、通俗小说以及其他大众娱乐形式。当经济学家谈及"文化产业"时，一般说的就是文化的这一层含义。

在更广泛的社会意义上，"文化"这个词也可以表现为社会的共同生活方式，包括社会的工作和娱乐模式、道德、知识实践、审美、信仰、经济生产、政治权力和责任。我在这里所用的就是这种更广泛的社会定义。我所指的文化是不同社会群体的特征性价值观和行为模式。人类智力是多样的、动态的和独特的，人类文化同样如此。

生理感官决定了我们能够感知到世界的哪些内容，但其他因素也会影响我们实际所感知到的东西。许多影响因素都是文化方面的。不同文化会以完全不同的方式感知世界。有些文化差异非常明显，比如人们所说的语言、穿的衣服、吃的食物和居住的房子类型等。而另一些差异则较难察觉，因为它们深深地植根于不同的思维方式中。时间观念上的文化差异就是这方面的一个典型例子。

2001年，我和家人从英格兰埃文河畔的斯特拉特福搬到了美国加利福尼亚州的洛杉矶。我们发现两地的时间观念十分不同。在欧洲，没有人会认为一个世纪算得上是特别漫长的时间，可在洛杉矶却不一样。我们在斯特拉特福的房子修建于1870年，但它实际上已经是那个地区比较新的建筑物了。至于邻居们的房子是否比它还早，我也说不准。我们在洛杉矶的房子建于1937年，这要是在洛杉矶，简直算得上是传家宝了。在洛杉矶，一个世纪是很长的时间。这或许可以解释，为什么美国人特别爱用“10年”（decade）这个词了；事实上，它跟英国人说的“一个世纪”（century）差不多。我想，前者必然是为了迎合美国人对传统感的向往。刚搬到洛杉矶之后的一天，我在高速公路上边开车边听收音机，刚好听到一家地方汽车经销商打的广告。我没有留心公司的名字，但听到了它的口号：“近半个10年来，一直引以为豪地为洛杉矶效力！”什么？那意思是说，它的创立时间才4年多吗？

比较起来，在亚洲1 000年也没什么大不了的。

## OUT OF OUR MINDS | 终生难忘的中餐

我第一次到北京时，曾去过一家中餐馆吃晚餐。那是一顿让人难忘的晚餐，开胃菜我选了“乌鸡汤”。照我想来，“乌”是形容肉汤或烹调风格的象征性说法，与鸡的样子并没多大关系。但是我错了。乌鸡通体乌黑，可通常当我看到肉是这个颜色时，就会觉得它已经烂掉了。以前，在这一点上我倒是没有弄错。在服务员的强烈推荐下，我选了“清蒸星斑”作为主菜。他把订单送到厨房，几分钟后，又拿了一口圆形竹筐出现在我面前。他打开筐盖，用询问的眼神看着我。筐里是那条要被清蒸的鱼，活蹦乱跳的，眼睛里露出了恐慌的表情。我知道，如果我认可，那就是给这条鱼判了死刑。但既然我们要吃，它们就得死，像这样的妇人之仁可谓太虚伪了。即便如此，我还是不太习惯与马上要吃的主菜“会面”。

我虚弱地点了点头，过了15分钟，那条鱼又回到了我面前：蒸熟了，“包装”过了，但外形看来却似乎透着浓浓的责备。为了拖延吃掉它的时间，我真诚地对服务员说，通常我非常喜欢中国菜（确实如此，尤其事前我没跟主菜打过交道的话）。他向我表示感谢，但说这并不是一道真正的中国菜。他介绍说，900年前，是蒙古人把这种烹制鱼的方法引入了中原地区。显然，以亚洲人的眼光来看，现在还没法判断它是否能流行开来，因为时间太短了。但是，那可是将近1 000年啊！在他们看来，这道菜可能只是一种时尚，是一种热乎劲儿转瞬即逝的新颖菜式。

时间观念的文化差异，对人们如何生活、如何对待政治都产生了深远的影响。1972年，时任美国总统尼克松正在为他的中国之行做准备。时任国务卿亨利·基辛格告诉他，中国国务院总理兼外交部长周恩来曾学过法国历史。于是，在访问期间，尼克松向周恩来提出了一个问题：在他看来，1789年的法国大革命对西方文明产生了什么样的影响？周恩来沉思片刻，对尼克松说：“现在下结论还为时过早。”对一位只关心第二天早晨的头条新闻的美国总统来说，这种全景式的因果观让他大为吃惊。

> Out of Our Minds
>
> 人类文化复杂多样，是因为人类的智慧本身十分丰富，且极富创造力；与智力一样，文化不仅多样，而且具有高度的动态性。

人类文化是由各种因素塑造而成的，包括地理、人口规模、获取自然资源和技术的便利性；同时，人类文化也由各种政治事件所塑造，包括战争、入侵和征服。这些因素和所在社会的各种共同认识产生互动，并随着时间的演进，构成了人们对生活的理解。所有文化本身也包含着多重因素，包括政府和司法制度、教育、社会阶层、职业、经济生产和艺术以及这些概念的适用性。各种文化也包括了很多附属集合、派别和反文化群体，在主导文化内部保持着别样的敏感性。人类文化复杂多样，是因为人类的智慧本身十分丰富，且极富创造力；与智力一样，文化不只多样，而且具有高度的动态性。

## 动态的文化

从生物学意义上说，文化意味着成长与蜕变，社会文化正是如此。不同文化在不同时期内的变化速度相差很大。在我们的有生之年，随着文化日益全球化、联系日益紧密，我们会看到世界各地诸多文化社群内翻天覆地的变化。

正如个人的智力是动态的、交互的一样，文化变革的过程也遵循这一原则。一些大脑功能存在着“热点”，比如语言、面部识别等。但在任何活动中，大脑的各个领域都会彼此配合，社会文化也是这样。我们可以单独探讨技术、经济、法律制度、道德和工作，但生活在一种文化中的体验，只有从这些要素相互联系和影响的角度出发才能真正理解。艺术与技术的互动就是一个例子。

## 艺术和技术

莎士比亚是世界公认的、有史以来最伟大的作家之一。他很多产，且才华横溢，但他的作品全部采用的是戏剧和诗歌的形式。他不写小说，为什么呢？对这位全世界最擅长讲故事的巨匠来说，小说本应是最自然的形式。莎士比亚没有写过小说，因为他可能完全没有动过这个念头。他的写作是在16世纪进行的。而小说，要等到18世纪才会全面发展为一种艺术形式。印刷术的推广催生了小说，这些条件包括印刷复制手段，而其又反过来促进了流通渠道的拓展，以及由此而来的对故事有着无限求知欲的庞大识字阶层。随着识字率的提升和印刷术的改进，小说这种形式才逐渐出现。在21世纪的文化社会中，小说开始成为最流行的一种艺术形式。

现代管弦乐是一种音乐体系，它催生了特定的音乐形式。西欧音乐的古典传统是伴随着管弦乐及相应的金属或木制乐器的发展而演化的。没有弦乐、铜管和木管乐器，古典音乐就不会发展成现在的样子。同时，这些乐器的声响也促成了作曲家和音乐家的出现。

视觉艺术和技术是携手演进的。几个世纪以来，画家和雕塑家都力争对人物、地点和事件进行事实记录，追求“形似”。这是他们扮演的主要角色，也是他们的收入来源。摄影技术的出现打破了他们的垄断地位，因为后者提供了快速、廉价和忠实的纪实方法。这项新技术引发了伦敦皇家学院就摄影的地位产生了激烈的争论。一些艺术家担心，摄影会导致绘画走向死亡。而另一些人则认为这不可能，因为摄影作品根本算不上是艺术品。一如本雅明所说，问题不在于一张照片是否可以被看成是艺术品，而在于摄影的发展对艺术定义本身来说意味着什么。随着20世纪摄影发展成独立的艺术形式，人们便不再认为它是对视觉艺术的威胁，而是一种解放。

至此，画家得以从具象和还原工作中解放出来，以探索新的可能性：从表达个人情感到通过抽象和概念艺术拓展视觉形式的局限。颜料生产技术的创新，还打开了新的创作视野。在一定程度上，装载颜料的柔性金属管促成了印象派，因为它更便于画家们在户外作画，以捕捉稍纵即逝的光影和景致。与画家担心摄影会令绘画走向灭亡一样，剧院也曾担心过电影会是让自己的艺术形式消亡的罪魁祸首。事实证明，这些想法都是多余的。从媒介的角度来看，剧院得到了解放，进入了一个重大发明、发现涌现的新时期，尤其是20世纪20年代到50年代。

所有技术都是中立的。关键是谁来使用，怎么使用。艺术家手里的任何材料和工具都可以被用来创造艺术作品。不管作家手里拿的是钢笔还是打字机，都既能创造出精彩纷呈的文学作品，又能写出一份商品采购清单。在艺术家手里，照相机创造的作品同样具有穿透力，完全可以像用画笔油彩画出的任何画作一样动人。

在一段时期内，新技术往往会被运用于原来的旧事物。早期的摄影师往往会临摹油画肖像画，以此作为创作主题。随着技术的发展，摄影逐渐促成了其他视觉记录形式。摄影让我们能够实时捕捉事物，这是绘画所无法做到的。1900年，乔治·伊士曼（George Eastman）推出了便宜又轻便的布朗尼照相机，让摄影走进了大众视野，并因此改变了流行文化的发展趋势。早

> Out of Our Minds
>
> 文化变革的一个有趣特点是：在一段时期内，新技术往往会被运用于原来的旧事物。

期的动态摄影就是对现有戏剧形式进行视觉记录：导演会在传统的音乐剧舞台上安装一台静止的摄像机。随着相机变得越来越轻便，它能够被挪动到不同角度。移动对焦使我们能够进行缩小或放大等动作，以创造出更贴心的图像。随着制片人尝试探索这些新的技术可能性，电影语言开始出现，由此电影也渐渐变成了一门独特的艺术。

创造力与科技的互动是一个双向的过程。新技术向创造力工作展现了新的可能性：创造性地使用技术能带来技术的进化，甚至是转变。随着艺术家发明了照相机和颜料的新式用法，它们才得到了进化。乐器和记录技术的进化也是如此。

如今，数字技术为世界各地的数百万人送去了前所未有的声音、设计、科技和艺术创造工具。与此同时，它们还提供了全新的观念传播和协作开发途径。在此过程中，用户中产生了无数的新网络、新应用，与各层面的软硬件设计和生产整合了起来。随着数字变革的步伐加快，我们可以期待更激进的创造生产方式。一如维多利亚时代皇家学院的成员们难以预料摄影技术发展的结果一样，我们现在也无法预料全新创造的生产方式会带来什么样的结果。

## OUT OF OUR MINDS 莎翁变成半文盲

文化动态性最生动的一个案例或许要算语言的演进速度。所有“活着”的语言都是动态的。为适应新的情况、观点和情感，新的词语和表达方式不断进化出来。《牛津英语词典》偶尔会增补出版，目的是将已经融入语言系统的新词汇或新表达方式收录在内。有些人谴责这种事情，认为这是标准不断下调、偏离正源英文的证据。但英文自扎稳脚跟以来一直处在演进状态中。直到 18 世纪，英文的拼写和标点才变得规范起来。我们在 21 世纪所说的英文，莎士比亚根本无法理解，他的说话方式我们自然也无法查证。美国未来学家阿尔文·托夫勒曾援引过一项评估结果，现在英文里经常被使用的词汇是 45 万个；莎士比亚能理解的大概是 25 万个。这意味着，如果莎士比亚来到今天的伦敦或纽约，在我们所用的词汇中，每 9 个单词里他平均只能理解 5 个。托夫勒将之生动地描述为：如果他真的来到今天，那“莎翁恐怕会变成半文盲”。

## 适应时代

另一个例子是理论和意识形态的互动。我之前提到过生成性观点的力量。我们通常认为，随着更符合证据、更合适的新理论出现，旧理论很快会遭到取代。实际情况并非如此。在实践中，理论就像裙子的长度和翻领的剪裁设计一样，会受社会风尚所限。大量理论处在默默无闻的状态。放眼世界，众多科学家、艺术家和哲学家随时会提出各种新观点。然而，尽管任何时候都有多种理论在论述同一个问题，而且每一种理论都可能与观测事实相一致，都有这样那样的道理，但只有某些观点能在突然之间激发大众的想象力，而有些理论就压过了另一些。当然，这不见得就是因为前者更深思熟虑，而是有另一些因素在起作用。

> Out of Our Minds
>
> 理论得到采纳，不仅仅是因为它们存在，更是因为它们迎合了需求。

理论得到采纳，不仅仅是因为它们存在，更是因为它们迎合了需求。从 20 世纪初直到今天，尽管智力测试存在许多概念性和方法上的缺陷，以及由此带来的高昂社会成本，但它们仍吸引了许多政治家和教育工作者的注意力。20 世纪五六十年代，自然主义教育理论影响深远，不仅仅是因为它们看似与教育事实相一致，更是因为它们表达了整整一代教师的情绪。

显然理论的目的是要对现象进行解释，但它们得到采纳的原因也会基于其他方面。出于同样的原因，之前的心理测量理论与公共教育选拔人才的宗旨出现了一致性。理论的意义不只在于解释，更在于它的意识形态。在一个重要的意义层面上，理论是具有表现力的。它是人类文化网络复杂而有机的一部分，但也仅仅是一部分而已。

## 明显的差异

人类文化包括了一些构成哲学家所谓“世界观”的思想和信念。不同的世界观来自评估体验的不同方式以及不同的行为模式。你可以在小说、电影和戏剧所描绘的世界里体会到不同的世界观。在每部戏剧、每种流派中，只有特定类型的行为才是合理的；而在另一种语境下，同样的行为有可能会完全让人无法理解。剧作家尼古拉斯 · 怀特（Nicholas Wright）认为，作家、导演和演员的工作，就是对剧作赖以存在的世界进行定义。在这个世界里，作品所表现出的一切行为都是合理的。例如，在托马斯 · 米德尔顿（Thomas Middleton）和威廉 · 罗利（William Rowley）所著的詹姆士一世时期（17 世纪）的悲剧《换婴记》（*The Changeling*）中，女主角比阿特丽斯 · 乔安娜（Beatrice Joanna）认为，若不想嫁给自己不喜欢的追求者，唯一的办法就是杀了他：“今天的年轻女性们却能找到许多别的出路。但这些出路，在这出戏剧的创作年代却没有任何可行性。导演的任务是描绘一个她别无出路的社会，而女演员的任务则是表现一个想象不到其他人生出路的女性。”

从本质上看，文化是一种准许制度。所有文化都拥有自己的行为准则。置身于文化当中，就要理解这些准则，知道什么样的语言、服饰和行为方式可以接受，而什么又不可以接受，并遵照行事。某些行为会得到文化认同和奖励，另一些行为则会受到文化的反对和制裁。这些准许制度可以是正式的，即通过法律确立，通过司法制度强制执行；也可以是非正式的，即内嵌在社会态度当中，用语音、语调和肢体语言表达。由于个人身份往往与文化接受度联系在一起，所以打破群体惯例需要真正的勇气。有时候，这还会不断遭到来自社会的惩罚和排斥的威胁。

如果我们观察来自其他社会的准则和惯例，尤其是那些在时间或空间上与我们相距很远的地方，虽然我们可以从客观上描述它们的不同之处，却很难了解置身于其中的主观体验。文化蕴含着感性的价值观和感觉。阅读其他时代所出版的小说和剧本，打动我们的不仅仅是人物所处现实环境的差别，更在于他们情感体验方面的差异，即关于他们怎样看待事物，什么对他们来说最重要以及他们怎样表达情感。出于这个原因，对其他文化的事实性记叙就无法充分地还原其生活的复杂性了。如果你想真正感受其他时代和社会的生活体验，更有效的做法是去鉴赏当时的音乐和诗歌、品尝当时人们的食物、接受他们的想法和跳他们的舞蹈。毫无疑问，这些表达形式能最切实地突出文化感。

现在，许多人生活在由文化交织成的社群中。移民到新国家或迁徙到一个国家内不同地区的人，或许会发现自己置身于完全不同的文化当中。移民家庭的孩子们往往过着双重文化或多文化生活：说两种或多种语言（或方言），一种用来跟学校或工作上的朋友交流，另一种用来跟家里的亲人交流。随着他们不断地与这些群体交往，他们需要不断地重新调整自己的文化敏感度，并且留心不同文化的不同准则和习俗。

文化巩固的过程是社会稳定的基础。青少年的社会化部分来自社会的需要，“形成日后稳定预期的基础。这种稳定依赖于不管个人怎么变动，相同的预期都会不断得到实现”。这并不是说，文化惯例从没产生过变化。它们会变化，尤其是从一代人传到另一代人。虽然前一代人可以培养孩子们的社会角色，但新一代人却会发展出自己的情感结构，通过当时的同伴和社会规范传播，这种情感结构有可能会和父母那代完全不同。新一代人会以自己的方式回应他们所继承的独特世界，重现文化的诸多方面，“同时以一些新方式感受自己的整个生活，并将创新的反应塑造进新的感觉结构当中”。

> Out of Our Minds
>
> 人类文化是通过思想、感觉和生活在其中的人的行动来不断发展的。

## 生活并非一条直线

在某种意义上，文化是个有机概念，暗示着成长和发展的生命过程。人类文化是通过思想、感觉和生活在其中的人的行动来不断发展的。与每一个个体的生命历程一样，文化发展的宏观过程也并非一条直线，同样难于预测。它们是动态的、有机的和复杂的。文化变革的进程，事后往往都很难理解，事前就更加不可能规划了。

20世纪五六十年代，摇滚乐浪潮开始席卷西方世界。它的许多形式让婴儿潮一代兴奋不已，却激怒了不少家长。这些摇滚明星来自许多不同的文化领域：蓝调、乡村和西部音乐、爵士和摇摆乐、传统民俗音乐以及各种舞蹈形式。摇滚乐的发展过程若是靠政府文化委员会来提前规划是不可想象的：一群热心的公务员倾听着经科学计算的三和弦变调，对照婴儿潮一代的统计图绘制出行动方案，这怎么可能呢？没有人能预见到摇滚乐的出现，也没有人能够预见到它的文化影响力。相反，凡是认真思考过摇滚乐的政策制定者们都曾试图禁止它。这一现象如野火般燃烧，因为它是一股创造能量和文化反叛混合起来的易燃气体。你不妨这么说，摇滚乐之所以成功是因为它挑战了主流世界观，表达了新的时代精神，即与时俱进的新理念和新精神。

有趣的是，20世纪六七十年代英国的摇滚乐狂潮，与中小学、大学里的音乐教育没什么关系。在这一时期，虽然很多著名的摇滚乐明星确实接受过高等教育，但他们并没有选择去音乐学校，而是去了艺术院校。艺术院校的教育传统为实验、个人创造力和流行文化提供了一种氛围，而这种氛围，在正规音乐学院里是完全感受不到的。从所有这些方面来看，艺术院校成了摇滚文化意想不到的温床：这是文化发展趋势非线性的一个例子。

另一个例子是如今社会化媒体的升级式发展。20世纪70年代，当比尔·盖茨和保罗·艾伦正在培养羽翼未丰的微软公司时；20世纪80年代，当史蒂夫·乔布斯和史蒂夫·沃兹尼亚克刚开始动手开发他们另类的个人电脑时；当蒂姆·伯纳斯-李在瑞士思考如何把计算机数据库连接起来形成全球网络时，没有一个人曾想过他们竟然会促成21世纪之初的社交媒体热潮。谷歌、Twitter、Facebook、Flickr和成千上万其他形式的社交媒体，如同病毒般在全球各地的文化中蔓延。一种原始的人类冲动，即彼此关联、分享想法和信息的念头，是这些非凡举措背后的原动力。哪怕是最先进的技术，也只有在接通人类基本本能的时候，才能改变世界。而一旦它们接通了人类本能，其影响就会势不可当。

还有一个例子是移动电话的发展。过去 10 年间，手机已经成了数字通信技术的主要平台。伴随着 iPhone 的发明、诸多效仿者的问世，再加上成千上万的 App，手机变成了新体验和全新可能性的数字“聚宝盆”。对于年轻一代的用户来说，智能手机的音乐、影像和游戏功能让他们几乎没时间打电话了。年轻人现在喜欢互发信息，而不是直接讲电话。自从智能手机进入市场，手机的语音应用使用率大幅下跌，而且一开始热心鼓励销售手机的电话公司的收入也出现了缩水。与许多文化趋势一样，这根本无法预测。

## 知识的网络

文化知识是一种复杂的网络，每个人都只知道一些凤毛麟角。有些领域，我们可以宣称自己比较精通，甚至是专家。但还有许多领域，我们是外行，甚至完全无知。我们对世界的大部分认识都来自其他人的知识，这些知识有着多种呈现形式：故事、轶事、理论、信仰体系，等等。

虽说情况一直如此，但人类知识的库存如今每隔 10 年就会翻一番，而且速度还在加快。因此，各个学科都呈现出了越来越密集的专业化趋势，也就是说，人们的所知范围开始变得越来越小，所知深度却变得越来越大。随着知识的扩展，专业化必然会上升到一个新高度。危险的地方在于，我们对思想的互联互通方式已经丧失了大局观。举例来说，现代科学的输出太快了，以至任何人都只能理解其中极少的环节。单个数学家通常只能胜任数学的一

> Out of Our Minds
>
> 创造力就是建立连接，通常而言，其动力来自协作而非个人努力。

小部分。假设数学大会收到了50篇论文，但实际上只有少数数学家能完全理解其中的五六篇。按迈克尔·波兰尼的说法，其他论文所用的语言，“只有跟进了与自己专业最接近的6份报告的人才能理解。再加上我在化学和物理学上的亲身体验，在我看来，所有主要科学领域的情况可能都很类似。因此，任何一位科学家大概都只能够对当前科学总输出的1%的内容进行第一手判断”。

文化的创造力取决于这些网络的开放度以及知识获取的便利性。创造力就是建立连接，通常而言，其动力来自协作而非个人努力。对专业领域划定严格界限的组织会抑制创新，教育中艺术和科学的分野就是一个贴切的例子。艺术家们和科学家们能够在共同的基础上进行协作，寻找共同点。这里有两个例子：其一是社会科学中的新方法；其二是连接艺术与自然科学的创新计划。

## “深度描绘”

早期的心理学家以对人类个性和行为进行客观解释为目的。他们希望钻研出人们为什么会采用某种行为的规则和解释，就像物理学家们解释磁性原理和重力法则一样。在物理学领域，理解这些规律就可以预测未来之事。磁铁不是偶尔有所行动，也不是只在星期二才有所行动。它们随时随地都在那么做。

社会科学，尤其是人类学的早期开拓者，也曾效法物理学和化学的研究模式。他们表现得好像是占据了一块脱离文化的科学领域一样，对自己所研究的人给出了不偏不倚的“客观”结论。但在这以后，社会科学家们逐渐意识到了这种方法的缺陷，在大多数方面，人类世界完全不像自然科学世界那样毫无生命感。地理学家测绘海岸的潮汐运动，不是为了洞悉其运行的动机。无生命世界中发生的事情是没有理由的，它们就是那样而已。这些领域的科学家们曾试图去理解自然现象是怎么来的，而不是为什么来。物理世界无须向任何一套特殊的阐释效忠。尽管科学理论连续地被构建起来，但物理世界不会为人所动，而会一如既往地前行。出现变化的只是我们对它的理解罢了，而人类社会并非如此。

人们做事情是有理由的，哪怕他们自己不见得理解这些理由。社会受目的、情感和价值观所驱动，由观念和阐释构成。正因如此，社会科学的工作很复杂。科学家也是普通人，也有自己的价值观和偏见，这会干扰他们实际看到的东西。比方说，早期的欧洲人类学家喜欢描绘其他文化，尤其是非洲、美洲文化，因为它们比较原始、鲜为人知，有着难于理解、显然处于孩提阶段的信仰体系。当代的研究则会更深入地观察其他文化的鲜活体验，旨在从自身的角度加以理解。在克利福德·格尔茨看来，社会科学家的任务基本上就是描绘和阐释。他说，了解人类文化“不是一门寻找规律的实验科学，而是寻找意义的阐释性科学”。除了传统的统计分析，社会科学家越来越多地采用了人种学技术以及叙事性描绘的形式，格尔茨称之为“深度描绘”，也就是旅行作家和小说家应用的技巧。

## 艺术和科学

如今，艺术和科学开始越来越有意识地进行直接的合作。许多科学家都对艺术产生了浓厚的兴趣；越来越多的艺术家们也从科学理念中汲取了灵感。他们还会采用先进的技术创造新的艺术表现形式。科学家们也在艺术创作过程中，在与艺术家合作的过程中寻找灵感。时装设计和生物科学之间备受称赞的合作，就是很好的例子。

### 原条

从受精卵到出现可识别的人类形状这一期间，单个细胞会经过多次分裂，生成数百万个细胞。如果细胞增殖不受控制，就会引发癌症，但胚芽发育过程中的细胞生成规范，就能够确保正确类型的细胞在正确的时间出现在正确的地方。这种情况的发生原理，是当今生物学领域最重要的一个问题。在“原条”（primifive streak）项目中，时装设计师海伦·斯托里（Helen Storey）和她妹妹、发育生物学家凯特·斯托里（Kate Storey）一起合作，用时装收藏的形式再现了人类生命最初的 1 000 个小时。后来，藏品和相关研究素材在整个欧洲、美国和中国的艺术学院与科学馆展出，吸引了数万名参观者，对“科学与艺术无法沟通”的普遍观念提出了挑战。海伦·斯托里后来回忆说，观众最明显的特点就是多样化：年轻人和老人；热爱艺术的人、献身科学的人以及介于两者之间的各种人。

## 理念的力量

雨果曾说过：“没有什么比时机成熟的理念更强大的了。”理论和流行文化之间也存在着强大的关系。大多数人没有什么时间研究理论，然而，人的生活会受到理论的不断渗透。源自科学实验、哲学研究、艺术工作的理念，有时会在不知不觉中深深地渗透到文化当中。比方说，当代语言中就穿插着各种心理学术语。酒吧里的谈话会频频提到自我、性、恋母情结等弗洛伊德的理念，就好像这些是生活里的单纯事实，而非19世纪的理论主张一样。母亲按照发育理论的时尚和潮流养育孩子：是否用母乳喂养；是否和孩子们一起玩耍；是否用音乐与图片刺激孩子……一切全看这些理论对文化的渗透情况如何。有时，涓涓细流也能变成凶猛的海啸。

## OUT OF OUR MINDS | 女权主义崛起

20世纪60年代，一群女性，包括葛罗莉亚·斯坦能（Gloria Steinem）和杰梅茵·格里尔（Germaine Greer），出版了一系列论述女权主义的书籍，引发了一场社会地震。对于很多人（不光是男性）来说，女权主义是社会的阵痛：它颠覆了人们赖以构建的对自己、家庭、伴侣和生活理解的根基，抨击了对正常生活来说最重要的一些理念：男性是主导性别；女性的位置在家里；性是男人的享乐、女人的责任；男人拥有伟大的思想，而女人只负责照顾家庭和哭泣。一如生成性观点，这些想法会在大量不同的领域蔓延开来。它们贯穿了学术生活，重塑了艺术和科学史。学者们修订了许多男女两性的成就，并首次发现了许多其他人的成就。女权主义观念挑战了把男人放在高位、把女性压制在企业生活边缘的职场结构，它影响了人们对待社会和家庭关系的态度。

在接下来的40年里，一股女权主义的新浪潮走上了重大生成性观点的经典轨迹：最初的巨大兴奋感，随后逐步被细化和专业化，阐释的切入点变得更加琐碎、模糊，围绕这些切入点展开的辩论和争执范围也变得越来越窄。20世纪90年代出现了后女权主义的新阶段，对早期作家提出的一些基本原则进行了反思和重塑。一路走来，一些早期的革命性理念进入了文化的血脉，被视为理所当然。“女权主义”这个词，以及对平等权利的要求、性骚扰的概念，也都进入了语言体系，被视为理所当然。

新想法并不总是新的，而且很少会凭空出现。在较早期，有许多人都曾表达过20世纪60年代女权运动的核心理念。从18世纪玛丽·沃斯通克拉夫特（Mary Wollstonecraft）的作品，再到20世纪初的妇女参政运动，许多人都曾为女权主义观点的发展做出了贡献——哪怕那时候它们尚未得到承认。可在男性占主导地位的文化抨击下，许多关于女权的捍卫行动逐渐损耗殆尽。由于时代的特殊敏感性和文化条件，女权主义思想生逢其时。它们从这些文化条件中诞生，又重新对其进行了塑造。

随着避孕方式越来越廉价有效，妇女得以掌控了自己的生育权，性自由的观点也开始变得更加实用。在此之前，怀孕和生育的不确定性限制了妇女地位的提高。女性主义的发展是与技术进步并肩携手的，但它也是20世纪六七十年代政治整体倾向于自由和解放氛围的一部分，与民权运动、反对专制主义、个人表达运动相互作用：即“我”这一代的出现。女权主义理论家展现出了强大的智力分析能力，推动阐明了一种全新的感觉结构。那么，在20世纪60年代，女权主义对文明而言的真正意义是什么？现在得出结论还为时过早。

## 创新的文化

人类文化是人类创造力的产物。即便如此，创造性思维和成就也只有在一定的文化条件下才会茁壮成长。要在包括学校和企业在内的具体组织中领导创造性文化，这意味着什么呢？领导者应该怎样做才能培养创新？所有的创意文化都是独一无二的，虽没有统一的战略或模板，却有一些适用于最有效创新组织的原则。下一章考察了本书所罗列的论点在实践中的含义，并以此提出了培养系统性创造力与创新文化的 9 条原则。

不管“机器比喻说”多么适合工业生产，人类组织都不是真正的机器，而组织中的人也不是机器的零件。人类组织更像是生物，是鲜活的，依靠成员的活动和目的而存在。

OUT OF OUR MINDS

# 08 怎样做有创造力的领导者

The Power of Being Creative

Out of Our Minds

创新文化的创造，只有从组织最高层发起才会有效。要改变环境，领导者的拥护和参与意味着一切。

## 培养创新文化

通常，组织谈论创新的次数远远比谈论创造力的时候多。这两者之间有一些区别。在实践中，创新文化取决于 3 个彼此相关的步骤。

- **想象：**把不存在于感官的事情和想法带入思维的能力。
- **创造力：**获得具有价值的独创性见解的能力。
- **创新：**把独创性见解付诸实践的能力。

创新可能聚焦于组织工作的任何方面：新产品、新服务或新系统。创新可以是目标，但过程要从想象和创造力着手。只强调创新，却不培养它赖以为基础的想象和创造力，就像是运动员想在奥运会上夺金牌，却不想事先训练一样。运动员的成功取决于锻炼强健的体魄，创新文化的发展取决于奠定创新的想象和创造过程。哈佛商学院的特蕾莎·阿玛贝尔（Theresa Amabile）曾指出："个人和团队的创造力是创新的起点，前者是后者的必要条件，而非充分条件。"那么，领导创新文化要注意什么呢？

我曾受邀为一家大型公司做咨询，这家公司需要改进高层管理团队与负责接洽客户的一线员工之间的关系。显然，员工有很多改善客户服务的创造性想法，但领导者却并未认真对待。我问邀请我的人，公司的首席执行官怎么评价眼下的情况。他说，现任首席执行官并不觉得这有什么问题，但公司未来 6 个月里会任命一位新的首席执行官。我说，既然这样的话，那等你们换了新首席执行官再叫我去吧。以我的经验来看，如果首席执行官不觉得有问题，那可能正是问题所在。

许多领导者对促进创新文化都会心存焦虑。首先，他们必须不停地提出新想法。好消息是，有创造力的领导者的主要任务不是想出点子，而是培养一种让所有人都能提出新想法的文化。其次，释放创造力会带来混乱和失控。但好消息是，创造力并不是无政府状态的同义词。在实验自由和公认评价系统之间的平衡点上，创造和创新运转得最好。所以，这些对创新的焦虑，往往来自发号施令式的领导心态。想要激发团队的创造力，领导者要做的并不是发号施令，而且是要减少发号施令。

## 机器和生物

1911 年，弗雷德里克·泰勒（Frederick Taylor）所著的《科学管理原理》

（*The Principles of Scientific Management*）一书彻底改变了组织的结构。他的理论前提是，人类组织应该像机器一样运转，而领导者的主要作用就是提高生产力和改善利润率。每个工人都应该有明确的分工，而每一项任务都应精雕细琢，并对时间、精力和公司资源善加利用。泰勒方法的核心是：确立标准、常规和劳动分工的原则。泰勒的理论契合了工业生产不断提升利润的要求，对各地的组织经营方式产生了深远的影响。正是基于这些原则，亨利·福特为“T 型车”开发出了广受好评的生产流程。“福特主义”进而成为 20 世纪大部分时间内的工业生产的主流模板，也融入了其他许多类型的组织文化。时至今日，以各种名目出现的“泰勒主义”和“福特主义”仍影响着企业文化，从 20 世纪 80 年代的“全面质量管理”运动到摩托罗拉的六西格玛战略，不一而足。

“机器比喻说”的影响仍然深深扎根于管理者的心态当中。许多组织的管理结构蓝图都与计算机主板很像，它们由依次排列的各种框架构成，用横线和竖线表示权力和责任的方向与范畴。但是，这些图却进一步强化了企业就像机器的印象。尤其是在经济衰退时期，人们会心照不宣地认为，对机器模型进行微调是可以接受的：企业应优化时间和资源的使用，为提高单位生产力而放弃多余的产能。这些事情本身没什么不好，也都是必要的，但“组织是一台复杂机器”的基本概念，从根本上来讲，并不利于培养创新文化，而当今大多数企业的未来，又都有赖于创新文化。

当然，“泰勒主义”并不是企业的唯一选择。过去 40 年，组织文化的原则和实践成了各种研究的焦点。现在形成了无数不同的学派，其中许多学派都对组织的“机器比喻说”提出了挑战。彼得·德鲁克（Peter Drucker）、吉姆·柯林斯（Jim Collins）、沃伦·本尼斯（Warren Bennis）[1]、汤姆·彼得斯（Tom Peters）、查尔斯·汉迪（Charles Handy）、罗莎贝丝·莫斯·坎特（Rosabeth Moss Kanter）、克莱顿·克里斯坦森（Clayton Christensen）、梅格·惠特利（Meg Wheatley）、特蕾莎·阿玛贝尔等人，都对人类组织的复杂性以及管理与领导的不同风格提出过有力的见解。而且，各地的商学院都有一座巨大的研究宝库，图书馆里也收集着论述企业文化方方面面的管理期刊。越来越多的公司和组织开始迎合系统性创新的需求。按组织规模和性质的不同，系统创新的方法也各不相同。因此，它们或明或暗地采用了各类差异较大的组织文化比喻。

> Out of Our Minds
>
> 组织不是机器，员工也不是零件。人有价值观，有情感、观念、意见、动机和个人风格，而齿轮和链条没有。

不管“机器比喻说”多么适合工业生产，人类组织都不是真正的机器，而组织中的人也不是机器的零件。人有价值观，有情感、观念、意见、动机和个人风格，而齿轮和链条没有。组织不是经营所在的实体场所，而是由人际关系结成的网络。如果火警警报响起，所有工作人员都逃到了停车场，那么大楼里就没有组织了，因为它现在在停车场中。人类组织由人、人际关系和能量构成。组织是鲜活的社群，依靠成员的活动和目的而存在。出于这些原因，人类组织和机器不一样：它们更像是生物。领导创新文化依赖于理解这两种比喻的差异，并从前者向后者进阶。

① 组织发现理论创始人，美国当代杰出的组织理论、领导理论大师。其领导力系列著作《七个天才团队的故事》《经营梦想》《领导者》《成为领导者》中文简体字版已由湛庐文化策划、浙江人民出版社出版。——编者注

## 两种文化挑战

领导创新文化意味着其将面对两种文化挑战：内部文化和外部文化。在自然界中，优等生物能和环境共生，从环境中汲取资源和能量，在此过程中也会对维护环境起到积极作用。当然，情况不见得总是如此。一些寄生生物也会破坏寄主体内的生态环境，把寄主的生命耗尽。有些公司可是出了名的爱这么做，但我们这里假设组织是道德的，采用的业务形式是可持续的、互利互惠的。如果企业要生存、要繁荣，就需要拥有充满活力的内部文化，且要与不断变化的外部环境共同演化。有创造力的领导者的任务，就是促进内外文化之间的共生共荣。

> Out of Our Minds
>
> 有创造力的领导者的任务，就是促进内外文化之间的共生共荣。

外部文化的挑战包括技术创新、人口变化、贸易模式的转变、财政和货币政策的变动、全球竞争、自然资源的日益短缺，以及上述所有因素对消费者与客户思考和感受方式的影响。

组织的内部文化可以从两个主要方面考量：习惯和生境。习惯指的是日常工作模式，包括管理和问责制度，部门之间的横向关系与管理层之间的纵向关系，赋予每一家组织独特感受的所有非正式的隐性社会行为的准则。所以，描述企业文化和亚文化的另一种方式是“我们在这儿的做事方式”。生境指的是人们工作的实体环境，包括建筑物的结构，工作区、设备和家具的设计等。生境可能会对组织的文化氛围产生突出的影响。

## 领导者激发团队创造力的 9 大实践原则

对于有创造力的领导者来说，他们需要在 3 个重点领域内发挥战略性作用，这 3 个领域分别为：个人、团队和文化。这 3 个领域中的每一个都拥有 3 个核心实践原则。它们都不是线性的阶段或步骤，而是一个有机过程，并能在相互增进的持续循环中不断给彼此提供养料。

### 个人领域

组织里的每个成员都能为组织的发展贡献创造性想法。有创造力的领导者的共性是，可以促进组织中每一个成员的创造力的发展。

#### OUT OF OUR MINDS | 保安队的职责

我曾为一家国际文化组织做过一段时间的顾问，这家组织下辖了一家大型艺术博物馆。有一天，我跟保安部的负责人在食堂吃午餐。当时他很生气，我问他原因。他问我是否听说过管理层外包出去的研究：如何改善博物馆的“游客体验”。我知道这项研究，也知道纽约的咨询公司已经受聘在进行调研了。我问他怎么了。他说：“为什么高级管理人员不直接问我们呢？”

这位负责人领导着一大队保安，他们每天都要在画廊、走廊、停车场和公共区域里巡逻，回答游客们的提问，帮助游客们寻找餐厅和休息室，并将之引导到展览区，甚至告知其具体的作品陈列位置。他说：“我的员工恐怕比这家组织里的任何人都更了解‘游客体验’的性质，可管理层却愿意花钱找外面那些从来没来过这儿的咨询公司；他们压根儿没想过征求我们的意见！很明显，领导者们一定以为保安队的唯一作用就是看到游客伸手触摸展品时负责上前喝止。真侮辱人！”

## | 原则1：人人都有创造潜能 |

组织喜欢把创造力与具体的职能，尤其是与营销、设计和广告联系在一起。这些当然是极具创造性的领域，但组织所做的每一件事都可能表现出创造力和创新。为了创新的蓬勃发展，我们必须把它看作整个组织不可或缺的目的，而非单独的一项职能。组织里的每一个人对组织的运作都有不同的体验，所以也就可能对如何改进它提出宝贵的见解。

Out of Our Minds

为了创新的蓬勃发展，我们必须把它看作整个组织不可或缺的目的，而非单独的一项职能。

2001 年，盖洛普公司发表的一项研究估计，“主动保持疏远的员工”给美国经济带来了每年 2 920 亿 ~ 3 550 亿美元的损失。之后的研究表明，两相对比，敬业的员工会拥有更高的生产力和盈利能力，能培养出更稳固的客户关系。在促进业务流程和客户服务改善的创造性思维中，职场参与度同样是一个有利因素。据盖洛普公司的调查，59% 的“投入”员工强烈同意工作让他们产生了最具创造力的想法，而仅有 3%“主动保持疏远的员工”持有同样的认识。

我遇到过很多不喜欢自己工作的人。他们忍受工作，因为那不是他们生活的使命，而只是谋生的手段。但我也遇到过热爱自己所做事情的人，他们甚至不会想象自己会去做别的工作。他们正在发挥自己的天赋。说有人在发挥自己的天赋，首先意味着他们真的是在做自己具有天赋的事情。它可以是任何类型的工作：管理、设计、教学、烹饪，单干或与人合作。多样性的本质恰好说明了人们擅长做各不相同的事情：这个人觉得压抑自我的事情，那个人却很可能觉得它有着不可阻挡的魅力。但只是擅长做一件事还远远不够。很多人都做着自己擅长但并不真心喜欢的事。发挥天赋不仅关乎悟性，更关乎热情：你要热爱自己正在从事的事情。发挥天赋的一个标志是：当做某件事时，时间流逝得很快，1 个小时感觉就像是 5 分钟。你抬起头来，才发觉时间怎么过得那么快。如果你没有发挥自己的天赋，5 分钟可能就会像 1 小时那样漫长，时钟似乎都停止了！发挥天赋就是接入你的天生能量和发掘出最真实的自己。如果你处于这种状态，就永远不会觉得工作是件苦差事。

有创造力的领导者要确保组织里的每个人都表现出自己的创造优势，并感受到自己的贡献受到了重视，这是组织整体绩效的一部分。每一个组织里都有各种各样未得到开发的天赋和能力。来自不同背景、个性不同的人会加入公司，但公司一般只会根据他们的教育背景和当前的岗位职责去认识他们。

挖掘人才，不能简单地通过正式考核来进行。现在有一些用来考核创造性思维的常规测试，还有越来越多的工具可供评估个人优势和悟性。个人创造力的细微差别，加上激发或压抑它们的诸多因素，意味着这些测试的大部分结果只能对潜力有个粗略的勾勒。最好的策略通常是把人们放到各种环境中，提供给他们可以发挥自身能力的挑战；通过这种方式所激发出来的一些能力，连当事人可能都没有意识到。

> Out of Our Minds
>
> 发挥天赋不仅仅关乎悟性，更关乎激情：你要热爱自己正在做的事。

纽约有一家专业广告公司就创办了一所大学，由外聘的讲师和公司内部员工教授一系列课程。公司的设计师教授设计课程，文案人员教授创意写作课程，而财务人员则教授会计和金融管理课程。这个项目旨在鼓励各部门员工更深入地理解彼此的工作，以让他们建立共同的文化感。同时，这一举措还为公司建立了技能储备，巩固了内部人才库。对于很多个人来说，由于找到了自己真正擅长又享受的领域，很多人都从先前应聘的部门转到了其他岗位。

## | 原则2：创新是想象力的孩子 |

大量创造性工作，尤其是在项目开展早期，是需要调动各种想法、即兴发挥和进行涂鸦的，只有这样才能探索全新的可能性。成品的最终质量取决于这个交织、建立新连接、打破惯例、从不同角度观察结果的过程。因此，一如彼得·理查兹（Peter Richards）所说，一家创造性组织“首先应是一个能让人自由冒险的地方；其次，它应是一个允许人们发现、发展自己天生才智的地方；再次，它应是一个不会提出‘愚蠢’问题和给出‘正确’答案的地方；最后，它应是一个重视突破规则，提倡活泼、动感、意外、俏皮等特性的地方”。

皮克斯是电影史上最具创新性、最广受好评的电影工作室。自从 1995 年推出第一部动画剧情长片《玩具总动员》以来，它制作了将近 20 部剧情片和大量短片，还推出了多种改变行业面貌的技术创新。迄今为止，皮克斯工作室及其工作人员共赢得了 210 个奖项，包括 20 多项奥斯卡奖、若干次金球奖和格莱美奖，在全球范围内的总收入超过 100 亿美元。皮克斯工作室对发掘企业创造力有着自己的认识。

### OUT OF OUR MINDS | 皮克斯大学 |

皮克斯工作室中存在着一种迷人的文化。它创办了皮克斯大学，校园里每天都有专题讨论会、活动讲座和研讨班。它提供了上百种课程，包括系统性的电影制作课、绘画、雕刻以及创意写作课。该所大学提供的教育相当于美术和电影制作学校的本科教育。这个项目最有特色的地方或许是，皮克斯工作室薪水簿上的每一名成员，包括动画制作师、会计师、保安、餐饮工作人员、技术人员、制片助理、营销人员，都有义务也被鼓励每个星期到皮克斯大学去上 4 个小时的课。

12 年来，兰迪·尼尔森（Randy Nelson）都是皮克斯大学的校长。他从前是一名杂耍演员，是经典儿童剧《飞天兄弟》（*The Flying Karamazov Brothers*）的联合创作者。他说，大学是公司每一个人工作的一部分。原因是，在皮克斯工作室薪水簿上的每一个人，都是电影人。因此，每一个人都有资格去上相同的课程，每一层级的员工都可以坐在同一间教室里。在“照明及动态影像捕捉”课上，学生既有后期制作软件工程师，也有化妆师、推销员，甚至还有公司的大厨路易吉·帕萨拉奎（Luigi Passalacqua）。“我平日说的是食物语言，”他说，“而现在我正学着说电影语言呢。”

该所大学给皮克斯工作室带来了巨大的收益。由于任何人都能去上任何课程，所以整个组织都产生了持续不断的新思路。人们不断在组织的不同区域中碰到彼此，并提醒彼此都在为同一件事情的完成而共同努力。大学里培养出来的技能在组织内的所有地方都必不可少。绘画班不只教人画画，还教人提高观察力——不管他们处于哪个工作领域。尼尔森说：“地球上没有哪家公司会因为员工观察力的提高而受损。”

皮克斯大学的座右铭是一句拉丁格言：“孤独不再。”尼尔森说：“这是我们教学模式的核心，旨在让人们有机会一起经历失败，再一起从错误中复原。”最重要的是，皮克斯大学应用的是一套非常实用的教育制度，它可以激发公司每个成员的想象力，帮助他们发现未知的个人才能，进而帮助他们在整个组织中进行文化交流。

## | 原则3：我们都能学会变得更有创造力 |

这里有一些能够传授给大多数人的技术、程序和实用技巧，以促进某些类型的创造性活动。我在引言里提到过头脑风暴式的集思广益。不过，这种方法旨在促进第一种创造性活动模式：产生想法。但仅仅是希望别人产生想法还不够。

我曾在一个名为“管理大学院系”的培训项目中与40多名学者共事。在第一个环节中，我跟其他7个院系负责人汇聚一堂，他们多是来自社会学、工程学、物理学和社会科学领域的教授。喝咖啡之前，主持人要求我们对教育的未来展开头脑风暴。他们给了我们一大叠纸、大号马克笔和5分钟时间。（如果你曾失去知觉，醒来后不知道自己身在何处，请看看自己手里是否握着一支大号马克笔，而面前摆着一大叠纸。如果有，那你肯定是在上管理课！）但接下来，风暴却并未如愿“刮”起。我们先是怕难为情地说了几句话，之后就开始泛泛而谈，直到羊角面包送了上来。与其说这是风暴，倒不如说是和风细雨，我们只不过是在墙上留下了几许看不清的唾沫印罢了。

> Out of Our Minds
>
> 发挥创造力不光是灵感的问题，还需要技巧、控制素材的匠艺和反复进行关键评估的过程。

发挥创造力不光是灵感的问题，还需要技巧、控制素材的匠艺和反复进行关键评估的过程。这些能力都是可以被传授的。因此，对创造性思维整体技能（包括如何在创意团队中工作）的专业培养，是创新组织的一个重要特征。专业培养是创造力文化的核心，但很多时候，一如我之前指出的那样，企业并不愿对此进行投资。许多企业对培训需求都持有短视态度。这种短视思维最终会对生产力产生负面影响，因为它蚕食了创造性文化赖以为生的组织忠诚度和共同目标感。所以，对员工的才能和忠诚度投资是更好的方法。

在麦肯锡看来，这么做的原因一目了然："你可以打赢人才争夺战，但首先，你必须把人才管理提升到企业最首要的位置。为了吸引、挽留你所需要的人才，你必须创造并不断完善员工价值定位体系，而高级管理层则要回答为什么聪明、精力充沛、野心勃勃的人希望与你一起工作，而不是为其他团队效劳。之后，你必须将注意力转向如何招募了不起的人才，并最终培养、培养、再培养！"针对这一问题，一种办法是"构建较小的自治单位，为每一个业务创造最多的自负盈亏岗位，并利用特别项目团队提供新的挑战与合作新方式"。另一种办法是像皮克斯工作室和其他公司那样，成立组织内部大学，颁发组织内部认可的资格证书。

1981 年，摩托罗拉公司在美国首先创办了企业大学。今天，世界范围内的这类大学已有上百家，有些研究还从中选取了 12 家作为个案研究对象。企业大学是"一种内部结构，它可以通过确保企业的知识和培训直接连接到业务策略上，从而提高个人和企业的绩效"。一般来说，企业大学的学生是从员工中挑选的。这些大学有能力为所授知识提供正式的认证，它的首要目的就是提供学习机会，推动组织目标的实现；建立企业公民意识；让员工理解组织工作的背景和首要事项；培养为企业带来竞争优势的特殊技能和才干。事实上，它对个人也极有益处。

我曾在一家国际连锁酒店的全国大会上做演讲，同时也为公司新办企业大学的毕业生颁发学位认证书。其中一个人告诉我，这是他第一次在教育体系中获得成功。他在公司干得非常好，可上学的时候却很失败。这是他第一次参加挖掘自己真正优势的教育项目，站在学习者的角度，他的自尊和信心都得到了提高。提供这样的机会，是有创造力的领导者的核心任务，也是对创造力文化的奖励。

## 团队领域

优秀领导者的第二个作用是：构建、促进动态化的创意团队。

优秀的创意团队以思维为构建基础：它们是多样的、动态的和独特的。这一领导任务包括：构建创意团队，决定让哪些人参与哪些项目；以团队为核心，确定团队应在什么样的限制、边界和期待下工作；为团队提供资源，让它能够迅速地解决问题，避免在时间和资源上造成浪费，导致最后失败。

### | 原则4：创造力因多样性而蓬勃发展 |

IDEO 是世界顶尖的设计和创新咨询公司之一。[①]它的总部设在加利福尼亚州帕洛阿尔托，并在芝加哥、波士顿、纽约、旧金山、伦敦、慕尼黑和上海设有办事处。自成立以来，IDEO 公司已与数十家机构进行了合作，并为数十家组织开发了来自多个行业的上百种产品，如玩具、办公设备、家具、计算机、医疗器械及汽车。多年来，它一直都能排进《商业周刊》“创新企业 25 强”榜单，并为其他 24 家企业提供咨询服务。不过，IDEO 的专业性

① IDEO 是全球知名的创新设计公司。由湛庐文化策划、浙江人民出版社出版的《IDEO，设计改变一切》就阐释了该公司的组织变革与创新历程，也是每位迎接今日以创造明日机会的人不可或缺的宝典。——编者注

并不来自它提供咨询服务的任何行业，而是源自它擅长的创新过程本身。

IDEO 公司工作的核心是一个叫“设计思维”(design thinking) 的过程。这种方法的最大特色是：针对每一个项目，它都会指派一队来自不同学科领域的专家，这些学科包括工程学、产品和工业学、人体工程学、行为科学、营销和市场研究学。这些专家会一同从不同角度探索这项任务，并共同拟定若干可行的解决方案。之后，每一种方案都会被塑造出原型，专家们会对之进行论证、检验，直至最终产品的出现。跨学科团队的多样性至关重要。IDEO 的首席执行官蒂姆·布朗（Tim Brown）解释说：“虽然一位称职的设计师总是能够对上一年的部件进行改进，但由技术精湛的设计思想家所构成的跨学科团队，却能够解决更为复杂的问题。”

> Out of Our Minds
>
> 多样性是创意团队的强大资源，它来自整个员工队伍。

从研究机构到商业公司，优秀的创意团队总会汇聚各种背景迥异的人才：持有不同想法的人，不同年纪、不同性别的人，不同文化背景或专业经验的人。多样性是创意团队的强大资源，它来自整个员工队伍，但不是所有企业都能意识到这一点。各级领导者和管理者仍然倾向于聘用看起来跟自己差不多的人。尽管从文化角度来看，这种状况似乎很合理，但它却会致使整个组织长期饱受灵活性和创造性方面的问题的困扰。我曾与很多组织有过合作，还为之设计出了多样化战略。其中一家企业是国际投资银行，在欧洲、美洲和亚洲都设有办事处。一直以来，这家银行都为自己的多样化战略感到骄傲，但实际上它仍然有很长的路要走。我记得，当时向我做简报的高级管理团队中全都是中年白人男性。我问其中一个报告人说：“你们公司的多样化战略进行得怎么样了？”他认为做得相当好。“事实上，”他说，“我明天就会面试一位多样化的求职者。”我接着问他：“什么叫多样化的求职者？”他回答说：“你知道，那是个女的。”那天晚上，我对妻子说，她是“多样化”的，可以想到，她一定一头雾水。

自然，多样化有各种形式：维度之一是与生俱来的特征，包括性别、年龄和性取向；维度之二是文化背景，包括种族和国籍；维度之三是个人背景，包括工作经历、教育背景和专业知识。在瞬息万变的世界中，对职场多样性文化的促进有着无可辩驳的道德理由。同时，它也有着很强的战略原因，尤其是在创新方面。因为多样化的员工队伍能让组织更好地适应不断变化的文化环境，并满足随之而来的各种需求。它还会提供不同视角的丰富资源，对维持创新文化起到巨大的推动作用。

### | 原则5：创造力钟爱协作 |

创意团队还应具有动态性。因为即使把来自不同学科的人聚集到一起，也并不能保证他们在工作中会体现出创造性。除非团队运用了合理的工作流程，让差异变成优势而非弱点，要不然，多样性就可能会妨碍创新。协作是皮克斯工作室创新流程的核心。兰迪·尼尔森指出，协作与合作不一样。合作只要求以某种方式使不同人员的努力同步。只要甲的工作支持乙完成工作，他们完全可以在不同的时间中做完全不同的任务，这仍然是合作。工业生产线的典型模式就是这样，而线性处理多个管理任务也一样。

> Out of Our Minds
>
> 消极的批评、怀疑的奚落、不屑的评语都会扼杀大部分人的创造冲动。

反过来说，协作指的是人们在同一个流程中一起工作，他们的互动会影响工作的性质和最终结果。按兰迪·尼尔森的说法，协作是一个即兴的过程，必须以两个关键原则为基础。第一，所有参与者都应该“接受别人给予的每一个好意”。在皮克斯，他们把这叫作“锦上添花”。这么做的目的是，不否定他人的贡献，而是以之作为基础完善流程。第二，“永远让搭档的脸色好看”。这么做的目的是，不评判别人的贡献，而是出力为它做点什么，以提高大家的积极性。

消极的批评、怀疑的奚落、不屑的评语都会扼杀大部分人的创造冲动。相反，卓有成效的协作者会“放大”彼此的贡献。蒂姆·布朗也持有同样的观点。在他看来，设计思维的过程就是协作，“但使用的是一种放大而非压制个人创造性的方式；专注，但同时灵活地应对意外出现的机会：不光重视优化项目的社会、技术和业务组件，也应重视给它们带去需求和设计反馈”。故此，IDEO 的口号是：“没有一个人能比所有人更聪明。”

“活力”（Vis Viva）是由美国的艺术家及工程师组建起的教研团队。这个团队的一位主要成员曾指出了社会对跨学科组织的常见误解：“重点并不在于把审美和工程结合到一起，或者把严格的经验主义与艺术结合到一起。关键是这两种人同时在以不同的方式做这两件事。我们的团队试图通过创建跨学科、跨观点的互动空间，从而培养创造力。”

创意团队不仅是多样的和动态的，也是独特的。任务开始时，众人汇聚一堂为同一个目标奋斗，而工作结束后，他们又分散开去，加入其他团队。我曾跟“巨蟒剧团”（Monty Python）的约翰·克里斯（John Cleese）一起进行过一些创造性活动。巨蟒剧团的 5 位团员个性差异显著，但他们的团队协作能力却极佳。显然，他们把分歧转化成了高度的生产力。他们团结一致，远比团队的部分之和更强大，他们共同完成了许多单个个体都不可能构想出来的事情。所以说，卓越的领导者知道该把什么人放进团队，让团队里的每个人做什么工作，以及什么时候让团队去做其他事情。

### | 原则6：创造需要时间 |

> Out of Our Minds
>
> 只要构想来自不对的地方，就不会得到认真对待——这种感觉会让创造活动窒息。

创造性见解要花时间才能形成，所以创造性的组织懂得：时间是创新的基本资源。一些组织允许员工自由支配时间，做自己想做的事。谷歌或许是最有名的一个，谷歌公司中的工程师有 20% 的时间可用于自己选定的项目。在此期间，他们完全按个人兴趣做事。如果公司对他们的设想也感兴趣，他们就可以将之提交给高层管理团队。自 2005 年以来，谷歌所有产品里有 5% 来自 20% 的自由支配时间。20% 的员工自由时间是一项灵活规定。它本身很宝贵，但同时也向员工发出了重要的信号：公司重视创造力，愿意让人们自由地从事自己最热爱的事情。文化领域个人和团队创造性工作的质量，与组织整体的文化氛围休戚相关。

有创造力的领导者的第三项任务是：培养整体上的创新文化。

## 文化领域

### | 原则7：创造性文化是柔和的 |

培养创新文化没有固定的策略。对于组织来说，内部挑战是建立柔软、敏感的结构和流程。有些公司设立了特别的创新项目或实验室。建立这类特别单位的好处是：它们可以专注于创新，以不对组织的其他部分造成影响。而缺点是：它们可能会脱离组织的整体文化，之后一旦再试图重新融入，就会被排斥。一如器官移植会出现组织排斥反应一样，整体文化的抗体也会攻击异端想法，直至后者做出妥协或遭到破坏。当员工接受外部培训后，在新的一周回到公司，并尝试把所学内容“倾泻”出来时，都会面对诸如此类的问题——凡有过这种经历的人大概都知道那是什么感觉。

只要构想来自不对的地方，就不可能被传到组织的上层，或不可能得到认真对待，这种感觉会让创造过程窒息。而若上级按错误的时间表对下属施加压力，要求其做出成绩，也会扼杀创新。层级畅通指的是，在组织内工作的人，随时都能接触组织的经营者。持续创新要求对领导层的固有实践进行定期审查。IBM 公司进行过一项名为“善用复杂性”的研究，并发表了同名研究报告《善用复杂性》。这一报告指出，善用复杂性的首席执行官主要关注以下三个方面：

- **体现创造力**：有创造力的领导者会考虑以先前闻所未闻的方式来更积极地调动客户、合作伙伴和员工的积极性。

- **重塑客户关系**：伴随着互联网、新渠道和客户的全球化发展趋势愈演愈烈，组织必须重新思考自己应以怎样的方式更好地理解客户及公众，与之互动，并为之效力。

- **构建灵活的运营体系**：成功的首席执行官能重塑组织，把它们变得更迅捷、更灵活，更擅长将复杂性转化为自身优势。

这份报告指出：“有创造力的领导者期待进行更深远的商业模式变革，以实现自身的战略。为了获得成功，他们会更多地计算风险，寻找新思路，不断地创新自己的领导和沟通方式。”

1995 年，约翰 · 钱伯斯（John Chambers）接手思科公司时，公司的年收入是 12 亿美元。到 2009 财年，收入达到了 360 亿美元。回顾公司的发展及如今所面临的挑战，钱伯斯必须重新审视自己的首席执行官角色。

## OUT OF OUR MINDS | 思科的变革

钱伯斯出任思科公司的首席执行官时，主要从 3 个方面考虑了自己的领导角色：首先，他应为公司构建愿景和战略；其次，他应建立执行战略的团队；最后，他应将战略传达给公司内外。在担任首席执行官一职四五年之后，他对自己的领导角色又有了新的想法。他开始特别注重公司文化。钱伯斯说，伟大的公司必然会拥有伟大的文化。“领导角色的很大一部分是推动公司文化，不断强化它。”他还改变了自己的领导风格，从指挥和控制转向了协作和团队合作。“这听起来很容易，但做起来很难，因为你是在 MBA 商学院、法学院受训的。而这份工作的 80%～90% 是我们应如何一起朝着共同的目标努力，这需要不同的技能。”

钱伯斯说，工程师“既是业务领导者，又是艺术家，你必须知道他们什么时候戴的是哪顶帽子”。他现在认为，根本性地转变工作方式的需求，“有可能会改变这个国家乃至全世界企业的未来”。现在，思科公司越来越强调团队协作，不断从销售部、工程部、财务部、法务部和其他各部门抽调人手，建立跨部门团队。“我们在培养能够跳出专业思考模式界限的领导者。我们现在就在全公司的 70 多个不同团队里这么做。所以，我们让销售主管去主持工程设计业务，让律师去主持业务开发，让业务开发的领导去主持销售运营。我们要培养通才领导团队，让他们知道如何在团队协作中学习和操作。我认为这是领导力的未来之所在。”

全球性化工集团英国帝国化学工业集团的前任领导者约翰·哈维·琼斯爵士（Sir John Harvey Jones）也曾提出过同样的观点，他认为：“企业里的每一个人都需要掌握改变的能力，要有自信去学习新东西，要有高屋建瓴的视野。光靠着杰出科学家和技术专家就能让我们赢得世界的想法绝对荒谬。只有拥有宽阔的视野，能够理解工作中的所有影响因素，并在其间自由游走，不害怕全然不同的体验和观点，这些才是关键。我们需要让此刻来自企业的每一种压力都清楚地表态：不具备全局观的专家完全没用。”

> Out of Our Minds
>
> 归根结底，创新离不开预估风险。

## | 原则8：创造性文化爱追根究底 |

创新涉及尝试和犯错，有时候会出错，而有时候则必须备份，从头来过。企业界总有一种迎合短期需求的倾向。而这些压力的产生，竟然是为了响应需要长远视角的变化过程。组织要在越来越激烈的市场环境里开展竞争，为了获得即刻的回报和立竿见影的效果，实验研究、长远思考和远期发展的预算都会遭到削减。由此带来的影响可能会扼杀长期成功最终赖以存在的创造力源头。

发挥创造力，并不意味着必然带来混乱和风险。任何领域的创造力都应在自由与控制之间达成平衡。归根结底，创新离不开预估风险，也必须考虑组织对风险的承受力。我曾和欧洲一位最成功的单位信托基金管理者讨论过承担风险和创造性领导的话题。与所有金融机构一样，他的基金公司也正承受着变化所带来的动荡起伏。而要应对这些新挑战，领导者就需要开创出新的领导风格，让公司的内部资源发挥最大的作用。他介绍了自己是怎么改变管理风格，以适应新情况的。

> 我发现，来到最“顶”层的管理位置，人就没地方可躲了。我必须要全方位地把控事情的走向。起初，我试着自己决定每一件事，我以为我必须知道答案。这造成了一连串的错误，致使我的反应变得迟钝起来。打个比方说，我就像迎面栽进了泥浆里。后来我发现，我只有当众承认自己的错误，向同事们请求帮助，才能重新站直身子。修正自己对管理者角色的认识，这应该算是个开始吧。
>
> 我开始放权，因为我意识到其他人实际上都比我更能干。我开始倾听，而不是跟别人比着提出“最聪明”的方案。我开始做自己能做的事，也就是为同事们提供支持和鼓励，而不是自己抢着“进球得分”。我发现自己逐渐开始怀疑用了大半辈子才学会的所谓教训，很多时候甚至都尝试忘掉它们，因为我意识到：在不断变化的环境中，教条主义是通往灾难的快车道。不过，与此同时，我发现自己需要有方向感；要不然，我就会推卸责任，而非放权。
>
> 我努力在直接与开放之间寻找平衡，我愿意倾听，积极考虑他人的观点。在实践中，向前的路似乎总是处在这两个“向量”的汇聚点上。它很难寻找，我敢说自己从未准确地找到过它，一

如我敢说，我从未完全开放，也从未充分地倾听和考虑一样。但它似乎比我从前用过的方法要好得多。

他接着说："我们现在正努力让整个公司实现这样的平衡。比方说，将我们不擅长的工作外包出去。倾听为公司带来了更和谐的高层讨论，增强了信任，同事之间不再互相猜忌，决策速度也加快了，尤其是在猜忌一方了解不多的领域。它还让我们将更多权力交给了年轻员工，因为他们的头脑往往更清晰。"

这种想法反过来又为团队关系赋予了更多意义。在企业内部，董事会愿意设计持股计划，全球所有为公司效力一年以上的员工都可以参与进来；对于我们与客户、供应商和股东的关系，也因更好的沟通而得到了改善。有趣的是，它正好迎合了一种更宏大的意识：我们能够为所在的社区有所贡献。所有这一切，都无须牺牲我们的竞争力。我相信，我们的竞争力反而会得到提高。我认为，我们正重新从组织的角度去学习，新的机会正在不断涌现。

这要求我们加大培训力度，特别是在高级管理层面，包括借助管理心理学家对高级管理人员进行全方位评估。在毕业生招聘上，我们更依赖于实习制度。最重要的是，我觉得这很有趣，而且我希望对同事们来说也如此。有趣之处是，作为一家跨国公司，我们有着来自各种文化背景的员工，这既能鞭策着我们去重新审视自己的方法，又能为不同的视角提供丰富的源头。

## | 原则9：创造性文化需要创造性空间 |

最后，实体环境是组织文化的有力体现。工作区的大小和形状，家具和设备的配置，照明器材的质量，建筑材料和色彩，都不断创造着鼓励或抑制创造力的氛围。直到20世纪80年代，有关工作空间对工作表现影响的研究都很少。从那时起，越来越多的研究文章开始在“环境心理学”和“认知工效学”等名目隐晦的领域里发表。办公楼和办公空间的传统设计根植于19世纪的工业工作模式。这一模式强调的是高效处理任务，工作空间主要考虑的是生产效率、最大容积率和同质性。可以想见，这样的环境很难刺激员工的想象力、创造力和创新能力。

更灵活的工作空间以及信息技术的广泛影响，意味着家庭和办公室、工作、游戏和私人时间之间的界限正变得越来越模糊。允许员工对工作空间进行个性化打造，以使之更有利于创造力的发挥，往往非常重要。如果与协作相关，那企业就需要拥有用于开会和讨论的共享空间。

## 让员工尽情发挥的组织，是最有希望的组织

组织就像生物。在某些方面，组织的生命周期和人类的生命周期没什么两样。它们始于某人的思维，最初都是一个模糊的设想。接着，设想得到培育，如果可行，就会开始生长。组织生命最具创造性的时期，往往是它的早期发展阶段，因为在这一阶段，人们往往会兴奋地探讨各种可能性，只要是生存所需，人人都愿意出手帮忙。在“青年”时期，组织可能会对新冒险投入巨大的能量，不顾一切地追求成功。随着成功的组织走向成熟，它就会陷入固定的制度性结构和惯例中，趋于保守。此时，它进入了“中年危机”。随着时间的推移，它可能会变得僵化，失去原有的活力和柔韧性。如果僵化过程持续下去，它就会变老，甚至死亡。许多组织都是如此。

> Out of Our Minds
>
> 让员工能够尽情发挥的组织，员工也能尽力成就组织。这就是创新的力量，也是创造性领导始终如一的承诺。

但组织总是具有重生的可能性，在发展的任何一个时间点都可能重振旗鼓。著名管理及领导力专家查尔斯·汉迪对此做过颇具洞见的分析，并将之称为“第二发展曲线”。这首先要求组织对员工的创造力进行投资。让员工能够尽情发挥创造力的组织，员工也能尽力成就组织。这就是创新的力量，也是创造性领导始终如一的承诺。这些原则也适用于教育领域。

OUT OF OUR MINDS

# 结语

## 培养创造力从教育变革开始

Out of Our Minds

教育不是一个为未来做准备的线性过程：它能培养才能和情感，助我们在当下过上最好的生活，并让所有人拥抱最精彩的未来。

许多极富创造力的老师在自己的教室、办公室和实验室里干着出色的工作，许多教学机构在自己的学区内开展创新项目，而许多学区也在整个地区范围内竞相举办类似的活动。但基本上，这些创新活动之所以会出现，不是因为它们来自主流教育文化，而是因为它们摒弃了主流教育文化。我们目前的挑战是：让创新大规模地推广开来，把教育改造成一个真正能解决 21 世纪人们面临的工作和生活的挑战的过程。那么，这场改造包括了哪些方面的内容呢？

# 目的决定方向

如今，“学校”指的是为人，尤其是为年轻人提供指导的正规教学机构。这里，我所说的是它广义上的含义，泛指一切有目的性的学习社区，不管教授对象是儿童还是成人，性质是公立还是私立，以及入学原则是强制还是自愿。我把正式机构、自愿聚会、学前班、大学、社区学院和家庭学习都囊括在内。教育多与儿童和青少年有关。而这里所说的“教育”是指从学前班到成人教育的所有教学活动。我所称的“学生”，指的是所有想要学习的人，不管他们的年龄多大，以及所处的环境如何。

之所以采用这种定义，原因有二：首先，我的意见基本上针对的是教与学的质量；其次，教育制度可以体现为各种形式。我是从习惯和生境的角度思考组织文化的。在学校，习惯包括几个相关要素：课程、日程安排、教学与评估。生境则包括学校的建筑结构、装饰风格和周遭环境。所有这些都会对学习产生重大影响，都可以用系统化的方法来改变，并有助于培养想象力、创造力和创新能力。

只要有改变的意愿和明确的目的，结构随时都可以被修正。很多时候，因为制度性习惯，教学的目的会遭到扭曲。正如丘吉尔所说：“我们塑造制度，而制度又反过来塑造了我们。”因此，我们面临的挑战是要重构目的感，进而重塑制度。

## 创造性文化

1997 年，我受英国政府邀请成立了全国教委会，以制定中小学创造力教育战略。当时，“全国扫盲”战略已经开始实施，旨在推动各所小学每天花1小时向所有学生教授国家批准的扫盲教材。数学方面也有类似的战略在推行。我与一些政府官员进行了几次对话，我感觉他们也希望我们推出类似的东西：或许是让学生来参加1小时的创造性活动，比如星期五下午的1个小时。这将是一套条理分明的战略，能轻松地为现有制度所接纳。但我们的建议要深入得多：在学校系统化地提高创造力，要做的是改变整个教育文化。

实现这一目标的最佳途径是遵循决策者的要求，回归基础。人们往往认为“基础”就是阅读、写作以及所谓的理工科目：科学、技术、工程和数学。虽然所有这些都非常重要，但在讨论课程之前，很多更基本的问题也需要我们回答：21世纪的教育目的是什么？它的真正核心是什么？在此，我们不妨用戏剧来类比一下。

## 回归基础

彼得·布鲁克（Peter Brook）是当今最具创新性、成就最大的一位戏剧导演。布鲁克喜欢把戏剧变成一场尽量直观和生动的体验。他认为，有太多时候，现代戏剧并不是如此。它最初的目的已被破坏了。在布鲁克看来，戏剧的本质是演员和观众之间的关系。他认为，除非是为了支持或改善，否则就不应该为这段关系增加任何内容。“我可以利用任何空间，并把它叫作空白舞台。一个人走进这空旷的空间，其他人则在一旁观看，这就是戏剧所需要的一切。”可惜我们在谈论戏剧时，并不是这个意思。“红色幕布、射灯、无韵诗、笑声、黑暗，所有这些都不明不白、混乱地叠加在‘戏剧’这一形象上。我们之所以说电影杀死了戏剧，指的就是电影诞生后戏剧已经完全变质了，戏剧开始需要票房、休息室、包厢、舞台脚灯、场景变化、半场休息、音乐剧，尽管从定义上看，戏剧和这一切并没有什么关系。”随着时间的推移，各种累赘模糊了戏剧的核心业务，就好像年迈的大师身上裹上了越来越厚的斗篷一样。

这跟教育的情况非常相似。教育的核心是师生关系。如果学生不学习，就没有所谓的教育。目的明确至关重要。在许多教育体系下，附加的政治议程、雇佣条款和现状、建筑规范、考试制度、专业领域、国家和州级标准等，都使得这一清晰的关系变模糊了。学生的实际需求夹在所有这些其他利益当中，最容易遭到忽视，而且也确实经常遭到忽视。这就是为什么有那么多学生都选择了辍学：他们感觉到整个混乱的教育系统并不真正地关心自己。不幸的是，他们的感觉是对的！

像教育这样的复杂系统要依赖于众多的角色：有些是一线角色，而有些则是必不可少的配角。我最近受邀去一家顶尖连锁酒店讨论如何提高员工的参与感。全公司上下都理解其核心业务是为客人带去舒适和满意，每一个员工在确保顾客满意和再次光临上都有着直接或间接的作用。这其中不只包括直接与客人接触的员工，还包括间接与客人接触的员工，如清洁工、洗碗工、维修工。企业的成功依赖于所有员工。洗碗工知道，水杯边上留下口红印足以毁掉客人的整个体验，而他们的工作就是保证酒店服务的整体质量。正是这种共同的目的感和参与感，推动着公司品牌的扩张。

学校的核心要务始终是改善学生的学习质量。创造性领导的原则适用于各个层次的教育。校长有特别的责任去促进社区里的每一个成员进行创造性的参与，无论他们扮演着什么角色，以培养

Out of Our Minds

如果学生不学习，就没有所谓的教育。目的明确至关重要。

实现这一目标的文化。这一文化包括了学校内发生的所有事情以及为之做出这样那样贡献的所有人。

## 教育改革的 8 个出发点

我在前文中曾提出，教育有 3 个核心目的：

- **个人**：发展学生的个人才华和情感。
- **文化**：加深学生对周遭世界的理解。
- **经济**：为学生提供谋生所需的技能，让他们具备经济生产力。

我针对创造力本质和文化提出的论据，暗示了学校在采纳后可以用于实现这些目的的 8 个出发点。

### 才能是多样的

狭隘地关注学术能力和特定学科，会不可避免地使得某些真正的兴趣和能力突出体现在其他领域的学生被边缘化。培养学生全方位的才能，需要更多样的课程设置和更灵活的教学风格。不过，这并不是说学生应该只学习自己喜欢、天生有兴趣的科目。教育的作用之一就是，扩大和延伸学生的兴趣，使之进入自己不见得天生喜欢的领域；同样重要的是，也要让学生们觉得自己的才能得到了恰如其分的调动和重视。

我妻子特里在英国读高中时，冬天的大部分星期三都要在户外冰冷的曲棍球场上度过。这可不是她每星期最喜欢的时光！她周围的很多人都比她高、比她快、比她强，也比她更热衷于曲棍球。大多数时候，她觉得自己就好像是绝望地躺在一列失控的火车前面一样。她说，要是那些开心地把她打倒在曲棍球场的姑娘们每个星期都得去芭蕾舞教室训练的话，那她一定不会这么沮丧。舞蹈教室才是她最能发挥才能的地方，也是让她感觉最像家的地方。

多样性的含义是，学校的深度和广度应当平衡。除了通用课程外，学生们应该拥有深入钻研自己最感兴趣的领域的机会。此外，社会还应该鼓励多样化的职业选择。比方说，不是每个人都需要或想要上大学，更不是所有人都应该高中一毕业就立刻去上大学。有些人想去读设计学校、音乐学院或舞蹈学院，还有人想快点进入社会，立刻从事实际的工作。人类社会依赖于多样性的才能，而不是单一化的能力。

## 学习是个性化的

### OUT OF OUR MINDS 大展宏图

1995 年，丹尼斯·立特基( Dennis Littky )和埃利奥特·沃舍尔( Elliot Washor ) 共同创办了大展宏图 ( Big Picture Learning ) 公司，目的是“鼓励、动员、影响美国教育制度的改革”。两人拥有 30 多年担任公立高中教师或校长的经验。大展宏图公司的座右铭是“教育关乎每一个人”，并认为教育可以也应该从根本上有所改变。他们希望能够创办这样的学校：学生为自己的教育负责；学校老师能和志愿指导员一起在社区中花时间做一些真正的工作，而不仅是根据标准化考试的分数对学生进行评估。在这一体制下，评估学生应当根据他们的表现，根据他们对所得成就的示范，根据他们的动机，根据他们在思维、心灵和行为上表现出来的习惯。只有这些东西才能反映出真实的发展状况和所学所获。

他们的第一所学校于1996年在罗得岛的南普罗维登斯成立，新生班有50名学生，大多是不适应传统学校的“高风险”非洲裔和拉丁裔学生。这一届学生毕业于2000年，毕业率为96%，其中98%的毕业生升入了大学。随后的每一届毕业生都达到了这一水平，甚至表现得更好。很多学生是家中第一个得到高中文凭的，其中80%更是家中第一个被大学录取的。

2001年，比尔和梅琳达·盖茨基金会（Bill and Melinda Gates Foundation）向大展宏图公司进行了捐赠，并将该校的教育模式复制到了美国的其他地区。2003年，在该公司再获成功后，基金会又给予了第二笔捐款，用于建立更多所学校。此外，2003年，盖茨基金会还向大展宏图公司提供了另一笔款项，请它充当新发起的“另类高中倡议”（Alternative High School Initiative）项目的首要召集者。截至2008年，大展宏图公司在全美14个州办学超过了60所，澳大利亚、以色列和荷兰也有学校采用了这一模式。所有这些学校，“从田纳西到塔斯马尼亚，从纽约到荷兰，都体现了‘宏图学习’模式的基本理念，即在一个社区里，一次只教授一名学生”。

大展宏图公司建立学校的理念是，“所有学生都应有机会在一个人们彼此认识和尊重的地方学习。学校必须足够小，每名学生都需要与老师及其他学生建立真诚的关系。没人可以做漏网之鱼！从评估工具到学校建筑本身的设计，真正个性化的学校在接纳每一名学生时，都会真正思考怎样做才对当事人和社区最好”。其中，学校文化是成功必不可少的一环。“我们鼓励学生成为领导，鼓励学校领导者的视野变得更广。我们的学校正努力营造出一种相互尊重、多元、有创意、精彩和善于反思的文化。”

立特基和沃舍尔说，他们的使命是改变美国人对公共教育系统的看法：“现有的学校制度在评判学生时是用成绩作为限制，而我们想要建设的学校制度是可以激励学生，唤醒年轻人青春生命里蕴藏的无穷可能性……我们所有的工作都是为了影响全国公共教育的理念。我们希望帮助说服意见领袖们，即那些政策制定者、商界领袖、媒体代表以及教育工作者，还有家长及公众，在教育孩子这方面，还有更好的方法。”

没有人能在逼迫之下违背自己的意愿去学习。学习是个人选择。当然，在面临强制和处罚的条件下，哪怕是最不想学习的人也会勉强背下些观点，以免考试成绩跌落谷低。但民主教育的精神要求是：学生应心甘情愿地学习。如果学生从高中或大学辍学，社会就应推出很多鼓励他们重新接受教育的方案，绝大多数方案要以关注个人和个性化学习为基础。如果从一开始公共教育就是个性化的，那么辍学的学生会少很多。有些人认为，针对每个学生进行个性化教育是不切实际的白日梦：它太昂贵了，而且老师也不可能给每个学生分配足够多的时间和精力。针对这一点，我有两个答案。

> Out of Our Minds
>
> 针对每一名学生开展个性化教育是可行的，方法之一是创造性地利用新技术。

首先，除了个性化教育外，我们别无选择。教育要么针对个人，要么就什么也不是。个性化学习是投资而非成本。我无法想象数不胜数的学生早晨会从床上一跃而起，兴致勃勃地想着自己该怎么做才能提高本地区的阅读水平。因此，提高整体水平的唯一办法是，调动系统里每一名学生的能量和想象力。不这么做会让我们付出怎样的沉重代价，想必大家都已经体会过了。

其次，针对每一名学生开展个性化教育是可行的，方法之一是创造性地利用新技术。信息技术是经济和文化变革的驱动力，也是传统教育产业模型过时的原因之一。一些可以发展创造力、改善沟通和协作的强大工具，为个性化教育提供了前所未有的机会：它们能迎合每一名学生的兴趣、能力和学习风格。部分国家和州已经开始采用网络技术，力图使学生和教师在各种个性化学习方案中结合起来。这些地方包括瑞典、新西兰、新加坡、英国和美国的部分州。大学里也出现了类似的变化，越来越多的机构将课程上传到网络上，每一天都有来自世界各地的新资源上线，面向所有愿意学习的人开放。随着大学学位市场价值的下降、获取成本的不断升高，越来越多的人开始探讨互联网促成的可行性学习替代方案和学历资质。这些都已经不再新鲜。

1969 年，英国政府创办了开展远程教育的开放性大学，有效地证明了高等教育替代形式的吸引力。该大学可以颁发本科和研究生学位，以及文凭、证书和继续教育课程（continuing education units，CEU）等非学历资格。它有开放的入学政策，也就是说，大部分本科课程的修读都对学生之前的学习成绩没有要求。大部分学生来自英国，但学生事实上可以在世界上的任何地方修读这些课程。该大学在英国各地设有 13 个区域中心，全欧洲都有办事处；就读学生超过 25 万人次，其中包括 5 万多名海外学生。按学生人数看，它是欧洲最大的学术机构，在全世界范围内也属前列。自成立以来，150 多万名学生在此修读了开放大学的课程。开放性大学和其他在线教育供应商的成功，说明人们当今普遍渴求高等教育个性化路线，对创新学习方式的需求也越来越大。

## 人生不是一场学术活动

除了坐在教室或学术报告厅里，学习还有其他许多种形式。一旦教育打通了跟学校之外的世界的联系，年轻人就可以做出了不起的成就。

“服务型学习”是一种教育、学习和反思的方法，能把课堂教学与对整个社区的服务结合起来。它把社区服务和指导、反思整合在了一起，向学生们传授公民责任与参与感，以激发其为了共同利益而强化社区的行为。国家青年领袖理事会（National Youth Leadership Council，NYLC）是全世界服务型教育的领导者之一，它将服务型学习定义为“一种社区发展的哲学、教育学模式，可用作达成学习目标或内容标准的教学指导策略”。1983 年，詹姆斯·齐尔斯迈尔（James Kielsmeier）创办了国家青年领袖理事会，“通过服务型学习，依靠年轻人、年轻人所在的学校和社区，创造一个更公正、更持久、更和平的世界”。国家青年领袖理事会的工作现已进入美国的各个州以及全世界 35 个国家中。它的课程项目包括与中小学、大学、大型企业、政府、宗教组织和其他非营利性组织建立合作伙伴关系。

### OUT OF OUR MINDS | 13 号教室

社区参与的另一个非常不同的有趣案例来自名为“13 号教室”的非凡举措。这是一家社会创业型组织，包括遍布世界、不断扩大的艺术工作室网络，以及由艺术家、教育工作者和其他专业人士组成的国际社群。“13 号教室”是一家按照正常业务思路，以民主方式运营的工作室。它的独特之处在于管理团队的都是 8～11 岁的孩子。

1994 年，苏格兰威廉堡考尔小学的一群小学生成立了自己的艺术工作室，即“13号教室”，其指导理念是由项目创办人罗勃·费尔利（Rob Fairley）设立艺术家顾问职位的理念发展而来的。费尔利和很多小学都曾进行过紧密的合作，考尔小学更是请求费尔利担任本校的艺术顾问。在他的鼓励下，学校把工作室办成了企业，不仅会筹措资金购买画具，而且会动员各行业的艺术家与学校合作。

“13号教室”的核心是一种信念：每个人的诚实和个性表达都很重要。费尔利说：“我们为教学中忽视视觉素养的行为感到愤慨。通过视觉形象表达观点，是必不可少的基本教学技巧。”“13号教室”把孩子看成艺术家和知性个体，将艺术培养和成功经营企业的技能结合到了一起。

每间“13号教室”都由学生经营。经选举产生的管理团队负责工作室的日常运营，并跟踪每间工作室的财务状况，以确保所有发票都付款到账。（成年人不得签发支票。）“13号教室”并没有对年龄或能力提出具体的要求，也不强迫学生们参加。学生们之所以参与其中是因为他们想来，只要他们跟老师商量好了时间，按时完成了课业，想留多久就留多久。一开始，费尔利每星期会抽出一天时间到考尔小学和孩子们一起开展志愿项目，后来，“13号教室”变成了一张与工作室同名的跨国网络，在创造高品质艺术品和推进多种创意教育方面都获得了国际声誉。

## 成功造就成功

国立青少年管弦乐团是委内瑞拉的全国性音乐教育项目，已经培养出了大批优秀音乐家，极大地改变了该国成千上万贫困儿童的生活。委内瑞

> Out of Our Minds
>
> 每一门学科都富有创造力，而且教育的方方面面都应当促进创造力。

拉全国现有 237 支管弦乐团、200 支青年管弦乐团以及 376 支合唱团。国立青少年管弦乐团的优秀毕业生中有很多国际知名的音乐家，如爱迪生·鲁伊兹（Edicson Ruiz）和古斯塔沃·杜达梅尔（Gustavo Dudamel），杰出的西蒙·玻利瓦尔青年管弦乐团（Simón Bolívar Youth Orchestra）也是由该项目培养出来的。许多孩子在两三岁时就开始参加当地的青少年管弦乐团，大多数会坚持到十几岁。他们每星期训练 6 天，每天 3 ~ 4 个小时，此外他们还会参加各类娱乐活动和密集的研讨班。所有学生都可以免费参加这个项目。国立青少年管弦乐团的主要目的是“创造安全、欢乐和有趣的人间天堂，培养每个孩子的自尊和价值感”。这里纪律宽松，但执行严格。艰苦的训练和真正的成就是青少年管弦乐团成功的关键。不过，有趣的感觉永远不会被忘记。

国立青少年管弦乐团花费了相当多的时间做学生家长的工作。只要有可能，他们就会对两三岁的孩子进行家访，以确保家长理解孩子们训练所需的投入程度。等学生们开始学习乐器时，教师们会指导家长应怎样为孩子们在家的练习给予最好的支持,并进行反馈和鼓励。工作人员的重点是想创造“人人支持人人”的社区。在这一理念支撑之下，教师和学生都应努力投入个人和社区的活动，“创造一个让孩子们感到安全而又有挑战性的地方。乐团的毕业生们在离开时会获得能量，具备坚忍不拔的精神，拥有迎接未来生活中的巨大挑战的信心。深刻的价值感、得到关爱和赏识的感觉以及对团队工作流程与协作的信任，都能让他们觉得自己会变得卓尔不凡”。

## 创造力是针对所有人的

创造力并不仅限于特定的学科或活动。人们通常以为它主要与艺术、手工艺和设计相关，但事实并非如此。我主持的委员会里包括了科学家、经济学家、商界领袖、教育家、舞蹈家、音乐家、演员和歌手。我们提交的报告名叫《我们的未来》(*All Our Futures*)，论述对象为现行的整个教育课程。但政府的部分成员仍然坚称它是“艺术报告”。创造力不仅跟艺术有关。艺术作品固然需要高度的创造性，但任何与智力相关的工作也都可以具有高度创造性。报告里对艺术教育提出了许多基本的观点，但其认为创造力只与艺术相关的观点是不对的。因为这样想就暗示着艺术主要是在更严谨的学术工作里忙里偷闲的机会，是偶尔发挥创造力的机会，这对创造力和艺术的本质都是严重的误解。它还暗示着，包括数学和科学在内的其他学科都没有创造力可言。这更加不对。每一门学科都富有创造力，而且教育的方方面面都应当促进创造力。

## 创造性的学校会在时间表上发挥创造性

日程表或时间表是组织管理时间和资源的工具。从理论上讲，日程表的目的是促进学习，但在实践中，它却可能会造成适得其反的效果。大多数学校的时间表很僵化，这也导致学校的文化变得僵化。学生和老师们都会根据固定的时间表来安排一天的教学，而不是灵活分配时间以满足教学需求。不管上什么课，都是固定时长，然后每周重复。但实际上，不同流程需要不同的时间安排模式：练习语言或许最适用短暂而频繁的沉浸期；科学或艺术分组项目则一般应分配更长的时间段。学校的时间安排应该敏锐地意识到这些差异，并进行相应调整。

“一号学校”（School of One）是纽约市教育局旗下的中学数学项目。它最初于2009年启动，如今在曼哈顿、布朗克斯和布鲁克林的6家学校都有实施。学校的使命是“提供个性化、有效和动态的课堂教学，让教师可以在关注教学质量上投入更多的时间”。学校开发了一套计算机程序，包括根据家长和教师提供的信息对学生进行详细评估，以及来自多个供应商、不同形式的课程素材库，以配合多种学习风格。系统的核心是一套名为“学习算法”的计算机程序，它可以为每名学生和教师单独生成课程表和学习资源。课程表被展示在学校的所有屏幕上，小组合作、协作项目和个人学习时间都包括在内。这样一来，老师们也成功摆脱了妨碍教学的大部分日常行政工作，得以专心致志地“为学生提供优质的教育支持和指导”。教师们可以根据自己的判断和决定更改自己的时间表，也可以调整特定学生的课程表。

2010年，纽约市教育局研究和政策学习小组对该试点项目进行了评估，发现参与学生的成绩明显比未参与的学生要好。2009年，《时代周刊》将该项目选入了“最佳创新百强”。“一号学校”项目承诺还会推出其他基于信息技术的创新，一如学校的有趣说法，即“为学生的学习进行大规模的定制”做贡献。

需要重新思考时间表的另一个原因是，学生的精力水平在一天中的波动也很大。

牛津大学布拉斯诺兹学院生理神经科学部门的负责人、神经科学家拉塞尔·福斯特（Russell Foster）对英国北泰恩赛德地区蒙克西顿高中的中学生进行了一场记忆测试。他的研究表明，青少年的大脑时间会比成年人滞后两个小时。青春期刚开始时，青少年的生物钟可能会发生改变。青少年起床晚，不是因为懒惰，而是因为他们的生理程序就是这样。蒙克西顿高中的校长、《造脑》（*Making Minds*）一书的作者保罗·凯利（Paul Kelley）博士说，连续早起会让他们变成“行尸走肉”，而允许孩子们上午 11 点正式上课，会对他们的学习成绩产生明显的改善。

凯利博士认为，对青少年睡眠时间的剥夺，可能会影响他们的精神状态和身体健康，而教育也会受到波及。其实我们并不需要科学告诉我们这一点，早早把孩子从床上叫起来，一定会导致突然的情绪波动，增加他们的烦恼，还可能会导致他们出现抑郁、体重增加和免疫力降低的问题。凯利博士说:“从 11 岁左右开始，所有的青少年就都会受此影响，直至大学，甚至更久。研究表明，是我们把青少年弄成了现在这个样子，我们得做些补救。”他的中期目标是改变学校一天的节奏和时间安排。这项研究的一个直接结果是建立起了名为“间隔学习”（spaced learning）的流程，教师们的授课时间被缩短了，有的课时长不足 10 分钟，之后就改为体育活动，然后再重复课程。

在一项实验中，学生们在上完 3 轮 20 分钟的短课（中间穿插 10 分钟的体育活动作为休息）之后，其科学论文的得分平均提高了 90%。而且，上课之前，学生们并没有预习过当堂科学课要讲的内容。

美国马萨诸塞州弗朗明汉姆的萨德伯里山谷学校创建于 1968 年。这是一家私立学校，学生的年龄为 4 ~ 19 岁。学校的创建根植于以下两项基本原则：教育自由和民主治理。在这个方面，它继承了民主学校的悠久传统，包括英国教育家尼尔（A.S. Neill）在英格兰萨福克郡于 1921 年创办的夏山学校。与夏山学校一样，在萨德伯里山谷学校里，学生们会对自己的教育负全责。学生和工作人员完全是平等的，并在民主原则的指导下共同运营着学校。

各年龄段的学生均能自行决定做什么、什么时候做、怎样做和在哪儿做。这种自由“是学校的核心，它是学生的权利，不容侵犯”。学校建立的基本前提是：“人人生来就拥有好奇心；由学习者主动发起并追求的学习更有效，更持久，且意义更深远；只要允许人培养自己独特的才能，人人就都有创造力；学生们的年龄都不一样，混合编班能促进团队中所有成员的发展；自由对培养个人责任感必不可少”。在实践中，学生们自己发起所有活动，不断创造适合于自己的环境。

成年人会和各年龄段的学生自由搭配。“人们可以随处交谈、阅读和玩耍。有些人可能会在数字艺术工作室编辑自己拍摄的视频。这里几乎总有人弹奏各种各样的音乐，通常有好几处都是这样。你可能会看到有人正在学习法文、生物学或代数。人们可能会在电脑上做行政工作、下棋、排练节目或玩角色扮演游戏。在美术室，人们绘画；当然，他们也可以做缝纫，画油画，在陶瓷转轮上或者亲手进行黏土创作。”这么做的前提是，只要学生有需要，就能找到实体工厂、员工和设备：“学校提供的是一种氛围：学生们独立，值得信赖，是负责任的人；这个社区以参与式民主的框架向学生们展示了生活的复杂性。”

萨德伯里山谷学校和夏山学校并不是孤立的实验。如今，30 多个国家里的数十所学校都采用了类似的教育方式。虽然它们大多是私立学校，但同样也掀起了一场全球化运动：它们动员学生们直接参与个人教育的设计和管理。它们构成了一张民主式学校和“教育城”的网络。“教育城”最初由雅科夫及谢莉夫妇（Yaacov and Sheerly Hecht）团队发起，相关教育创新的全球网络不断发展壮大，他们的研究工作也随之得到了传播。

## 所有学校都是独一无二的

OUT OF OUR MINDS | 雅活园

我曾有几年在俄克拉荷马州一个全州范围内的创造力和创新项目里担任指导工作。该州有一套得到国家认可的早期教育计划。在塔尔萨的詹克斯学区，一所学校和街对面的一家机构建立了不同寻常的合作关系。

“雅活园”（Grace Living Center）是家养老院。该中心的主管当时主动向学区抛出了橄榄枝，问能不能参与该学区的读书项目。于是，学区在养老院的门厅里设置了一间早教教室，一群小孩子现在每天都会到那儿上学。学校与养老院的合作关系则以“读书伙伴”（Book Buddies）项目为中心，在该项目中，孩子们会一对一地读书给老人听。效果非常显著。

首先，超过70%的孩子在三年级时就修完了阅读课，比学区里其他许多孩子表现得都好。原因当然在于他们接受了个性化的教学。其次，孩子们和老人们建立起了关系，他们学到的东西远远比阅读技巧多得多。他们学到了俄克拉荷马州丰富的生活传统。最后，养老院的用药率出现了大幅下降。老人们获得了活下去的新理由和度日的新能量，他们有了目的。但每隔一阵子，孩子们总会无奈地告诉自己的读书伙伴，课程已经结束，以后没法再来了。所以，孩子们很小就了解到了生与死的自然规律。

在大多数教育体系下，人们是按年龄划分的。俄克拉荷马州的这个项目想说明的是，当不同年龄的人汇集到一起重建部分传统关系时，什么情况都会发生。与所有真正的创新一样，它的结果如同教育家埃利奥特·埃斯纳（Elliot Eisner）所说，是惊喜，而非预料之中。任何一所学校的创造性小调整，都能带来巨大的好处；而大调整，则可能带来意想不到的戏剧性结果。

学校的文化氛围远远超过了该校的课程安排、教学风格和作业形式。文化氛围指的是价值观、气氛、基调和人际关系。在这些方面，每一所学校都有所不同，也理应如此。要让教育系统超越标准化、服从命令听指挥的工业模式，促进多样化至关重要。挑战在于，我们不是要在大范围内推广一种模式，而是要在整个教育体系中宣传创造性理念，让每一所学校都保存自己的独立社群身份，独立设计出适合自己的方法。很多时候，即使是最简单的构想都可以掀起巨大的社会变革，一如俄克拉荷马州的塔尔萨。

## 我们在一起

教育转型的出发点之一是伙伴关系。教育的未来，人人有责。因此，在世界上的许多地区，学校和企业、慈善事业及文化部门都有着正式的联盟关系。美国的“21 世纪学习伙伴联盟”是一家全国性组织，它倡导“21 世纪应为每一名学生的未来做好准备”。联盟及下属成员为了让美国教育制度不掉队而提供了工具和资源，“融合了批判性思维和问题解决能力，沟通、协作、创造和创新能力”。联盟动员地方、各州和联邦政策支持在每一所学校中都采用这种方法。

### OUT OF OUR MINDS | 下一代学习联盟

同样是在美国，主要州立学校官员委员会（Council of Chief State School Officers，CCSSO）和一家各州财团及基金会建立起了合作关系，并将该联盟命名为“下一代学习联盟”（The Partnership for Next Generation Learning）。联盟的目的是建立教育界的“创新实验室”网络。主要州立学校官员委员会主张，教育的设计不必再与国家的需求保持一致，而是要建立一套新的教育制度，“应围绕为所有孩子提供通往成功的个性化学习体验这一基本前提。在美国和海外，在正式教育及其他领域，类似的教育转型案例还有很多。遗憾的是，这些例子仍然属于少数，尚未形成常态。由于美国联邦、州和地方现行的制度不利于促进创新、实现新政策的转型，所以我们整体的系统改造仍远未开展”。该战略的目的是改变全国有关提高教育效果的对话：“尽管许多人正在致力于改善现有制度下的各种要素，但‘下一代学习联盟’则决定开始动员，让人们做好准备，把精力、时间和资金从固守现行制度转入创造我们需要的全新公立教育制度上……我们还要让所有的学生都享受到转型带来的现实成果。”

在英国，皇家艺术、制造与商业促进会（Royal Society of Arts, Manufactures and Commerce，RSA）一直引领着教育改革。它已协调多家合伙人联合起草了一份“教育宪章”，要求学校为了更全面的教育放弃聚焦于狭隘、工具性的关注点。“全面教育”组织由此成立，皇家艺术、制造与商业促进会在该组织中发展了20家合作机构。“全面教育”这一全国性的运动“把学术、实践和职业学习整合到了一起，足以激发每一个人的潜力”。“全面教育”的基础信念是：教育应当“不仅仅对年轻人的智力发展投资，也应当对其社会和情感能力的发展投资。这些能力为年轻人奠定了重要基础，提高了他们的学习效率，以使其为自我的发展和实现做出积极的贡献，从而为良好的社会发展做出贡献”。“全面教育”与5 000多所学校、大学和众多青年组织、直接针对年轻人的慈善机构进行合

> Out of Our Minds
>
> 传授创造性有3种彼此相关的任务：鼓励、识别和培养。

作，开展活动。总体目标是“确保所有年轻人都能接受全面的教育，掌握必要的技能、知识、态度和资源，在校园之外的生活里应对自如、茁壮成长，为社会做出积极的贡献”。

全国、各州和各地方的教育政策显然会对学校的氛围产生深远的影响。调动决策者，尽可能地让他们朝着最好的方向改变政治风气，这始终是一件非常重要的事情。但学校不能坐等政策发生变化才采取措施，学生们也不能就此白白浪费掉自己的生命。基本上，学校往往会拥有超乎自己想象的创新自由。创造性并不是完全摆脱约束条件，而是要在约束条件下运作并推翻它。

## 鼓励、识别和培养，创造性教学的三部曲

优秀的学校离不开优秀教师。全美的教育改革运动几乎总是只看重课程及评估。它们制定全国或州级标准，有时还指定内容，并将之纳入全国范围内的考试制度。而唯一一个能真正给学生成绩带去不同的要素，却经常遭到忽视，即教学质量。若让你回想一下自己在学校里的时光，那你记得的人大概是以下这些：你的同伴，尤其是你的老师，即那些点燃你兴趣或者扑灭你兴趣的人，还有那些培育你或者践踏你的人。在某些特定的背景下，老师们的不经意评论，甚至扬扬眉毛，语音语调的轻微变化，都能为你开启人生的新旅程，也可能会让你停滞不前。掌握教学，和掌握其他任何专业工作一样。精通教学，也和精通其他任何职业一样。任何领域都有专家：医生、律师、厨师、艺术家、科学家，都有一整套技术随时可供使用，外加广泛的知识和实践经验可供借鉴。专家级的教师应同样拥有一套考验眼光的流程：他们应

知道自己该借助哪些东西来满足当前情况下的需求。学校里的创造性文化取决于重振教师的创造力。

我曾在前文中对个人主义的两种传统做了区分：理性主义和自然主义。在一定程度上，它们与不同的教学风格有关。所谓的传统方法通常指的是对全班同学采取正规的指导方法，进行死记硬背式的学习。人们认为这种方法是提高传统学术水平的根本。目前，这种方法用得越来越少，其实也与传统学术标准出现衰败有关。进步的教学方法与探究式学习相关，主要是学生单独或结成小组一起发掘自身的兴趣，表达个人的观点。我并不是完全反对正规教育，也并非要主张用“进步”的教学方法完全取代传统教学方法。两者在创造性教育中都有很重要的地位。有时候，老师进行技能技巧的正规指导、传达具体的观点和信息是很合适的；还有些时候，让学生自己（独立或结队）去探索观点更合适。有些方法高度重视创造性，而有些则不然；有些方法很管用，但有些却没有什么用。

通过创造性进行教学和传授创造性之间也存在着区别。优秀教师知道自己的职责是调动和激发学生。这本身就是一个极具创造性的过程。传授创造性是要协助他人的创造性工作，它涉及提出开放式问题，寻找多种解决方案；在协作项目的团队中合作，利用想象力探索可能性；在不同观察方式中建立联系；探索它们之间可能存在的待明确事项与张力。可见，传授创造性包括有创造性地教学。传授创造性有 3 种彼此相关的任务：鼓励、识别与培养。

## 鼓励

很多人认为自己没有创造性，缺乏信心，就连第一步都无法迈出。在任何领域，传授创造性的第一项任务就是鼓励人们相信自己的创造潜力，然后再培养他们进行尝试的信心。对创造性学习很重要的另一些态度包括：动力强，能独立思考判断；愿意承担风险，有进取心，持之以恒，如果碰到错误的开始、转错了弯或走进了死胡同，都要求能够灵活应对。

## 识别

人人都能掌握创造性思维的一般技巧。而且，我们每个人都拥有独特的创造力。富有创造性的音乐家不一定就会是富有创造性的科学家，而富有创造性的作家也不一定是富有创造性的数学家。创造性成就往往由人对特定工具的热爱、对素材的感受、对抓住了想象力的工作方式的兴奋而驱动。识别人们的创造力，就是帮助他们找到自己的创造强项：搭建他们与自身天赋之间的桥梁。

## 培养

在传授创造性的过程中，教师的目标是：

- 提倡实验和调查，鼓励犯错误；
- 鼓励生成性思考，不直接批评；
- 鼓励表达个人的想法和感受；
- 理解创造性工作各阶段的需求；
- 培养对直觉、审美过程的认识；
- 鼓励对观点的批判性评价。

# 课程与评估

## 课程

课程就是学校期待学生们学习的内容，即知识、观点、技巧和价值观。人们一般将之分为正式课程（所有学生都要修读）和非正式课程（选修内容，包括课外活动等）。这里，我指的是整个课程，也就是学校提供的所有学习机会，无论正式与否。

课程的首要目的是组织知识，以便进行传授。但也有很多知识是学校不会传授的。比如大部分学校不传授巫术。教育的功能之一就是，对某些类型的知识与经验盖上认可的戳记，同时暗示另一些知识与经验不值得一学。正如法国社会学家皮埃尔·布尔迪厄（Pierre Bourdieu）所说，教育划分了“正统与异端文化”各自的势力范围。课程还有另一种功能：管理。学校需要通过课程来进行自我管理，以确定该聘请多少位教师，需要多少资源，如何安排每一天，把什么人在什么时间放在哪个岗位上待多久。均衡的课程应当为识字、算术、科学、人文、艺术和体育赋予同等重要的地位及资源。

识字和算术的要求标准很高，因为它们是基础的基础，也是学习其他学科的大门。语文和数学比基本的识字和算术包含的内容更多。语言学习的内容应包括文学，以及口语和听力技能。一旦掌握了基础，数学也可以把人引入宽广的抽象领域，以及科学与技术的概念性语言。

科学教育鼓励学生理解证据，掌握客观分析技能；接触当前对自然世界过程及其控制规律的科学认识；通过校验或质疑现有的知识，提供实践和理论探究的机会。科学教育还促进了科学素养的高水准：让学生们理解塑造现代世界的科学概念及成就，还有它们的重大意义和局限性。

人文科学注重的是理解人类文化，它包括历史、语言研究、宗教教育、地理与社会研究等方面。人文教育会拓宽和深化学生们对周围世界的理解：世界是多样性、复杂性和传统性的结合体。它的目标是扩大我们与其他人（包括处于过去时代和文化环境中的人）所共有的知识，培养我们对自身时代及文化的关键意识。人文教育包括了对这些学科的研究，也包括了让学生们自己在人类文化中进行探究的方法和流程。

艺术关注的是对人类体验特质的理解和表达。通过音乐、舞蹈、视觉艺术和戏剧等，我们为构成自己及他人生活体验的感受和知觉赋予了形式。学习艺术、了解艺术是智力发展的必要环节。艺术展示了智力的多样性，为促进智力发展提供了实用方法。艺术还提供了形式化再现个人感受和情绪、再现它们与我们对世界思考的联系等最自然的过程；它们最为生动地表现了人类文化。

体育教育直接关乎学生的身体健康。我们都是具有物质形态的存在，我们的精神、情感和肢体运动过程之间有着密切的关系。体育可以让人快速进入全神贯注的状态，在精神上保持机警灵活，从而增强创造力。在许多不同的文化传统和惯例中，体育与运动密不可分，通过运动本身，也通过集体活动和由此带来的归属意识，我们就能唤起强烈的感受和价值观。它们可以为我们提供重要的机会，培养个人和团队技能，并让我们在受控环境下分享成功与失败。在均衡的创造性和文化教育方法当中，体育教育通过上述途径与其他课程有着同等根本的作用。

所有这些课程都应该是均衡的，因为它们每一项都反映了文化知识和体验的重要领域。每一项针对的都是智力、创造力发展的不同模式，每一个人的强项都有可能落在一个或多个领域。

## 评估

评估是对学生进步及其程度做出判断的过程。评估有几种作用。首先是诊断。教师可以让学生完成各种考试和作业，以便了解学生在各个领域中的发展程度和水平。其次是进展，目的是收集学生进步的证据，为接下来要采用的教学方法和注意事项提供信息。最后的作用是总结，即对学习项目结束时的整体成绩做出判断。评估可以采取多种形式：课堂上的非正式判断、正式作业和公开考试等。它们可以借鉴多种证据形式：学生的课堂参与度、课业表现、发表在书面上和其他媒体上的文章等。

总结性和进展性评估都在教学评估中扮演着至关重要的角色：它们可以鼓励很多方面的教与学；改善教学成果的质量；使事实性知识和开放式学习风格（两者对创造性教育来说都是必要的）之间达成健康的平衡。创造性教育的问题不是它不需要评估，而是其评估性质与传统教育的评估性质有着根本上的不同。这里存在 3 个相关问题：日益强调考试形式的总结式评估；与此相关地，强调“名次表”形式的可测量结果；国家性评估给教师和学校带来了压力。

国家级评估体系往往会强调总结性评估，常用总结性评估来判断学校与其他学校的优缺点。这些评估的结果关系到学校的公众地位、获得资金，甚至生死存亡。一般来说，国家级评估强调“可衡量的结果”，重点放在检验学生对事实性知识的记忆上，放在可以进行比较式测量的技能上。国家级评估一般很少会考虑实验、独创性思维和创新能力。可见，教学的重点很窄，而学生的学习和成绩亦然。毫无疑问，在此环境下，课程的某些领域（尤其是艺术和人文）、教学的某些形式（包括质疑、探究和辩论）和具体科目的某些方面，均受到了忽视。

评估由两部分组成：描述与比较。如果你说某人能在4分钟内跑1.5公里，或者某人能说法语，那这就是对某人能做些什么的中性描述。如果你说“她是全区最优秀的运动员”，或者“他的法语说得就像法国人一样地道”，那这就是评估了。两者的区别在于：评估会比较不同人之间的成绩，并根据特定的标准打分。而分数性质的评估系统存在着一个问题：它们大多轻于描述，重于比较。有时候，学生拿到分数，却不明白这分数意味着什么；也有时候，老师打分，却不完全肯定这么做到底是为了什么。有一回，我曾跟一个刚完成了三年期舞蹈课程的高中生聊了会儿。我问她完成课程时获得了什么，她回答说：“我拿了个B。”

一个字母或数字是无法传达评估有意总结的整个复杂过程的，因为一些结果根本无法用这种方式充分地表达出来。教育学家埃利奥特·埃斯纳曾说过：“并非所有重要的事情都可以衡量，也并非被衡量的所有事情都很重要。”提高评估价值的方法之一是，将描述与比较分割开来。由各种类型的侧面评价、学生自己和他人所举的例子及反思性意见等组成的综合性资料，已经能为学生的实际学业做出详细的描述。提供清晰而详细的标准，也是提高评估透明度的一种办法。比如，同侪团队评估就是让学生们为彼此的学业，用评估所用的标准进行判断。这些方法对创造性工作的进展和总结性评估尤其具有价值。

评估创造性发展比检验事实性知识更加复杂、更加微妙。创造性的工作必须是独创的、有价值的。但独创性在类型上和程度上也有区别。判断价值取决于对相关标准的明确认识。教师们往往并不清楚什么样的标准适用于学生的创造性工作，因为他们对自己的判断缺乏信心。一如我曾在前文中指出的，创造过程往往要经历多个阶段：它可能包括了错误的开始、尝试和犯错，以及一系列连续渐进，才能最终获得成果。创造性工作的教育价值不光蕴含在最终产品的创造当中，也蕴含在概念性发展的过程当中。评估必须考虑到这一点，教师们也大多需要有人建议他们该怎么做。迟钝的评估有可能会削弱学生们的创造力，变相鼓励他们选择保险的选项，避免尝试，这样一来，他们就没有机会学习该怎样找出失误、纠正失误了。此外，比较本身也是个问题。那么，应该怎样比较不同学校或地区之间人们的创造性工作呢？

评估创造性发展的难题是可以被克服的，因为在这方面有大量的研究、经验和证据可供借鉴。问题是，许多教育系统并不认为应对这些议题是首要任务。由此而来的净效应就是，某些学习形式会被强化，而其他学习形式的地位则会被降低。

## 美好的未来

在世界的许多地方，人们走到了一起，各自开发出了标准化教育的替代方式。有些是在公共部门下属设立的公立学校，有些是独立学校，还有一些是混合学校，如美国的特许学校。一小部分人选择了包括家庭教育和“非学校教育”（un-schooling）等更激进的途径，现在这一群体正变得日益庞大。替代教育的新先锋们来自很多不同的领域，很多人的动力是源于对自己所受教育经历的不满，然后才决定让自己和其他人的孩子做得更好。纽约的“蓝色学校”（Blue School）就是这方面的典型，它同时也说明了艺术和商业的混合创造性是怎样与教育文化交织在一起的。

## OUT OF OUR MINDS | 蓝人乐队

蓝人乐队（Blue Man Group）是一家举世闻名的创造性组织，公司总部位于纽约市曼哈顿下城。1988 年，菲尔·斯坦顿（Phil Stanton）、克里斯·维克（Chris Wink）和马特·高曼（Matt Goldman）成立了该乐队。蓝人乐队的独特表演结合了音乐、乐器即兴演奏、喜剧和多媒体戏剧。乐队还为电影、电视录制主题曲和配乐，经常上电视。演出时，乐手们身穿黑色连体衣，手、脸和光头都被涂成蓝色，而且从不讲话。他们带着孩童般的天真与好奇对待周围的一切。自成立以来，乐队已经发展成了一种国际性的创意现象，在纽约、拉斯维加斯、奥兰多、波士顿、芝加哥、柏林和东京都举行过演出。而现在，他们开始办小学了。乐队元老们最初踏上旅途时，没有一个人曾想过这件事。

克里斯·维克说：“‘蓝人’最先成立时，我们并不是想把它当成一桩买卖、一家公司或一场演出。我们就是朋友间结成的团体，想找些乐子。我们拥有的，无非是共同的角色和少量的原则。我们完全没想过以后要做什么，只想利用这种角色去探索一些想法。”乐队成员都不记得最初是怎么决定剃光头、涂蓝色油漆的。马特·高曼说，这不是一个特别卖座的点子。3 个蓝色光头的沉默表演者？实在是看不出有什么投资潜力。他们喜欢这样的角色，在一定程度上是因为，从文化、年龄和性别的角度思考，它都极富中性色彩。

弄个蓝色光头说不上是什么长期的线性规划；乐队的发展也只不过是被

自身创造性合作的兴奋推着走罢了。他们一起创造了此前没人预见过的生活和事业。克里斯·维克说:“有些人运气好,想成为火箭科学家或者大提琴手。这些都是现有的媒介,而我们想成为后现代多媒体式的歌舞演员,在一种萨满教的原始气息里创造乐器,探索流行文化。这样的工作在哪里呢?如果我们找得到,我们就马上报名。”

乐队的工作以若干明确的原则为指导。其中之一是:每个人都可以具有创造力。“我们需要这个观点,”克里斯·维克说,“因为在上完学之后,我们并不觉得自己有创造力。然后我们聚在一起说,这大概不是真的吧?如果不是真的,那会是怎么样呢?”在菲尔·斯坦顿看来,这从一开始就是一条关键原则:“它影响了我们事业生涯里的一切。”可见,乐队是从广义上界定创造力的。虽然他们是以表演为基础的团队,却立志要在自己做的每一件事上都发挥创造力。马特·高曼说:“发挥创造力并不局限于捏黏土、画油画、作曲方面。在商业环境中,你可以在任何学科的任何事情上发挥创造力。”

马特·高曼和克里斯·维克自从小学时就一直是朋友。菲尔·斯坦顿20岁出头刚搬到纽约时就碰到了另外两位团员。3个人一见如故。斯坦顿说,乐队最初聚到一起的原因是,“‘蓝人’设想还没出现之前,我们就对自己的教育经历深感失望。就好像我们年纪还小的时候,人人都会画画,都很喜欢。但不知怎么回事,长大后我们抛弃了那种灵感,还搞丢了一大堆其他东西”。

等有了自己的孩子之后,他们和妻子都面临着让孩子去哪里接受教育以及接受什么样的教育的问题。经过长时间的思考后,他们决定自己办学:蓝色学校。马特·高曼解释说:“我们想要创造小时候就想去的那种学校,或者说,是我们梦想中孩子们会去的那种学校。在这里,你会给予创造性同等的重视,通过社会和情绪学习，教孩子们一种对待彼此的特别方法。在这里，你不会失去孩童般的丰富情感，你热爱学习，热爱生活，且不会因为上学就放弃这种热爱。”

在发展过程中，蓝色学校的教育模式逐渐形成了两个主要构成部分：核心课程，代表学校的基本科目：语言艺术、科学、美术、鲜活艺术（lively arts）、社会科学、技术和媒介素养、数学、物理艺术和健身。学校的第二个组成元素是这里的价值观：创造力和表现力、家庭和社区的联系、玩耍、丰富的情感和趣味、自我意识和健康、全球和环境探索、多角度和差异化的学习方式。蓝色学校的每一种价值观都与“连接”的概念相关，“不管是连接到社区，连接到人的情绪，连接到人的艺术声音，连接到人的身体，连接到世界，连接到人的兴趣，还是连接到人的喜悦和惊奇”。这一模式反映出的是：蓝人乐队的工作方式和原则来自学校要在“严谨与魅力”之间实现全新平衡的承诺，学校相信，严谨与魅力都是教育里不可或缺的东西。

按克里斯·维克的说法：“打个比方说，传统教育层面是这样的：孩子们是货车，学校是粮仓。它把每一个孩子装满，之后就把他们打发上路。而我们的功能则是创建跳板：孩子们在我们眼中是火箭，我们只要努力寻找导火索就行了。”他说，蓝色学校的做法“就是让整个人脑因为生命力而变得鲜活、兴奋和刺激。这必须成为我们的教育模式的一部分。看起来这真是个疯狂的革命性想法，但我们觉得它有道理，而且也真的具有学术意义”。

学校的工作和氛围也反映了蓝人乐队坚信“我们天生具有创造力”的最初承诺。克里斯·维克说：“人们往往觉得应该把自己与众不同的感觉隐藏起来、遮盖起来。但蓝人想要传达的信息是，你不应该隐藏自己的一部分，因为它是你个性的关键。把它释放出来，就是把所有创造力释放出来。你应该有勇气把这部分自我暴露在世人面前。”蓝人乐队的演出中有一个环节是这样的：亮蓝色的油漆从表演者们胸口的颜料管里喷洒出来，洒在他们 3 人正在奋力敲打的鼓上。“我们演出时在油漆上敲打，”维克说，“那鲜艳的颜色是想表达：你把内心的局外人放出来以后会是怎样的一种疯狂！”

无论是在公共部门还是在独立部门，无论是在学校还是在家里，有创造性地提供教育、促进创造力的发展，都不是可有可无的奢侈品。有了它们，我们所有人才能活得有价值，才能维系一个值得走一遭的世界。现在，我们和孩子们置身的文化和经济环境，与从前的已经完全不同。我们不能用 19 世纪的教育理念去应对 21 世纪的挑战。我们需要发起一场全新的文艺复兴运动，重视不同的智力模式，在不同的学科之间，在教育、商业和社会大众之间建立起一种创造性的关系。教育转型不容易，失败的代价会超过我们的承受限度，而成功的好处却会超乎我们的想象。

OUT OF OUR MINDS

# 后记

Out of Our Minds

> 教育和培训是打开未来之门的钥匙。可同一把钥匙能往两个方向拧：朝一边拧，你就会锁住这些资源；而朝另一边拧，你才能释放资源，让人们回归自我。

我在本书中提到的关于想象、创造力和创新的所有设想，全都可以归结为一点：我们在教育界、商业和社交活动里需要一种与以往截然不同的人类能力的概念。从生态学的角度看待这些议题，如今，生态学的概念在人们对地球自然资源的认识方面产生了深远的影响。越来越多的人开始意识到：从工业革命时期以来，我们一直在压榨、破坏地球的赠予，因为我们从未看到它的价值。我们误解了自然界多种不同元素彼此提供营养、互相维系的方式，并危及了自然的平衡。虽然现如今危险依然存在，但至少，这些概念得到了广泛的认同。

在使用人力资源方面，也存在类似的遗憾。为了发展工业经济，数代人建立起了狭窄的教育观，把一些最重要的才能和素质边缘化了。为了追求组织里更高的生产力和效率，我们忽视了人类创造力和创新天然所仰赖的内在因素。我们浪费了无数人的馈赠，因为我们没有看到它们的价值。一路走来，我们因为没有意识到不同才能和热情如何彼此维系、彼此丰富的现实，才危及了社会的平衡。现如今，危险不仅存在，而且这些概念还尚未得到广泛的认同。

这些不是琐碎的小事。雪崩般的变革必然会横扫我们所在的时代。为了跟上变化，我们需要理解、掌握自己的智慧。人们常说，教育和培训是打开未来之门的钥匙。它们的确是，可同一把钥匙能往两个方向拧：朝一边拧，你就会锁住所有资源，哪怕是那些本身拥有资源的人也无法窥得进入的途径；而朝另一边拧，你才能释放资源，让人们回归自我。要在组织、学校和社会中挖掘出我们真正的创造潜力，我们需要从不同的角度思考自己，以不同的方式对待彼此。我们必须学会施展并运用创造力。

有人问我花了多长时间写这本书。我回答说 12 个月，但事实上，我大半辈子都在思考本书的主题。就我记忆所及，我一直很关心教育。一方面，由于国家教育制度存在的缺陷和弱点——有这么多人对自己的潜力持悲观态度。另一方面，因为我掌握了相关的第一手知识，我知道教育制度里可以采用各种更好的方法，这也是我的动力来源。没有谁的想法能来自真空，我在教育界与诸多杰出人物的长久共事深深影响了我的想法。我不能一一列举他们的名字，但本书引用了多位名人的观点。在此，我要奉上谢意。

为了推动新版的问世，我要谢谢 Capstone 出版公司的霍莉·本尼恩（Holly Bennion），是她最先提出了这一建议；谢谢我的经纪人彼得·米勒（Peter Miller），感谢他的专业意见和一贯支持。而在此过程中，我要感谢 Sparks

Publishing Services 公司的汤姆·弗赖尔（Tom Fryer）把朴素的手稿变成了一本精致的图书。我要特别感谢优秀的编辑萨拉·萨顿（Sarah Sutton），她对我原稿的评论极具判断力，把我的文字编排得更加清晰，而且带着极大的热情和冷静的态度投入了整个图书出版工作中。连续好几个月，我们都在用电子邮件和电话不停地交流，哪怕我们置身于不同的国度。要不是她熬夜工作，本书的新版可能根本没有见到“天日”的机会。

OUT OF OUR MINDS

# 译者后记

《让思维自由》的作者肯·罗宾逊是英国人，长年在美国生活。在书中，他提出了两个有趣的观点：第一，正规的学校教育扼杀了学生的创造力；第二，创造力是训练出来的。

第一个观点其实也正是中国民间对教育界的普遍批判。在一般读者看来，中国的正规教育体系与英美两国相比显得僵化呆板，极大地扼杀了学生的创造力。但如果英美两国的教育体系同样扼杀创造力，那中国的教育体系又应该去哪里求取“真经”，以培养人们的创造力呢？

第二个观点就更引人深思了。如果正规教育体系扼杀创造力，那么创造力又该通过何种途径“训练”出来？

本书的中文版最初于2014年出版。在当时的翻译过程中，上述两个问题一直让我深感困惑。如今已3年过去，当时一些星星点点的发展趋势，如今已呈燎原之势。针对第一个问题，中国凭借各种微创新，开始弯道超车。过去一直被我们视为“僵化”的中式教育，为中国如今雄厚的技术人才储备做出了重要贡献。此外，中国还出现了“新四大发明”：高铁、支付宝、共享单车和网购。连一贯倡导素质教育的英国、美国，也开始向中国的“虎爸、虎妈、虎老师”学习。可以这样说，中国的传统教育方式并不会影响创新的诞生。

但我们中国人又最常感到自己欠缺创造能力，不管是高铁、支付宝，还是共享单车和网购，都是先经国外提出设想，再通过中国庞大的人口网络和较为完善的基础设施付诸推广的。我们没有拿出独创的新点子。

近两年来，机器学习和人工智能技术在世界各地都发展得如火如荼，如果我们不能掌握提出新点子的能力，恐怕不少人都面临着被人工智能抢走饭碗的危险。

这样看来，我们的学校教育要做到两件事：第一，继续为大部分人提供扎实的基础训练；第二，不扼杀少数人的天赋，鼓励独创性思维。前者的达成我觉得不难，但后者的实现则需要我们进行更多的思考。

豆瓣上搜索我翻译的任何一本书，可链接到我的小站。如果各位读者对我经手翻译的任何一本书有任何意见与思考，请随时与我联系。

最后，本书的翻译工作还要感谢张志华、李佳、唐竞、李征、廖昕、向倩叶等长期与我共事的同仁。

# 未来，属于终身学习者

我这辈子遇到的聪明人（来自各行各业的聪明人）没有不每天阅读的——没有，一个都没有。巴菲特读书之多，我读书之多，可能会让你感到吃惊。孩子们都笑话我。他们觉得我是一本长了两条腿的书。

——查理·芒格

互联网改变了信息连接的方式；指数型技术在迅速颠覆着现有的商业世界；人工智能已经开始抢占人类的工作岗位……

未来，到底需要什么样的人才？

改变命运唯一的策略是你要变成终身学习者。未来世界将不再需要单一的技能型人才，而是需要具备完善的知识结构、极强逻辑思考力和高感知力的复合型人才。优秀的人往往通过阅读建立足够强大的抽象思维能力，获得异于众人的思考和整合能力。未来，将属于终身学习者！而阅读必定和终身学习形影不离。

很多人读书，追求的是干货，寻求的是立刻行之有效的解决方案。其实这是一种留在舒适区的阅读方法。在这个充满不确定性的年代，答案不会简单地出现在书里，因为生活根本就没有标准确切的答案，你也不能期望过去的经验能解决未来的问题。

## 湛庐阅读APP：与最聪明的人共同进化

有人常常把成本支出的焦点放在书价上，把读完一本书当做阅读的终结。其实不然。

时间是读者付出的最大阅读成本
怎么读是读者面临的最大阅读障碍
“读书破万卷”不仅仅在“万”，更重要的是在“破”！

现在，我们构建了全新的“湛庐阅读”APP。它将成为你“破万卷”的新居所。在这里：

- 不用考虑读什么，你可以便捷找到纸书、有声书和各种声音产品；
- 你可以学会怎么读，你将发现集泛读、通读、精读于一体的阅读解决方案；
- 你会与作者、译者、专家、推荐人和阅读教练相遇，他们是优质思想的发源地；
- 你会与优秀的读者和终身学习者为伍，他们对阅读和学习有着持久的热情和源源不绝的内驱力。

从单一到复合，从知道到精通，从理解到创造，湛庐希望建立一个“与最聪明的人共同进化”的社区，成为人类先进思想交汇的聚集地，共同迎接未来。

与此同时，我们希望能够重新定义你的学习场景，让你随时随地收获有内容、有价值的思想，通过阅读实现终身学习。这是我们的使命和价值。

# 湛庐阅读APP玩转指南

## 湛庐阅读APP结构图：

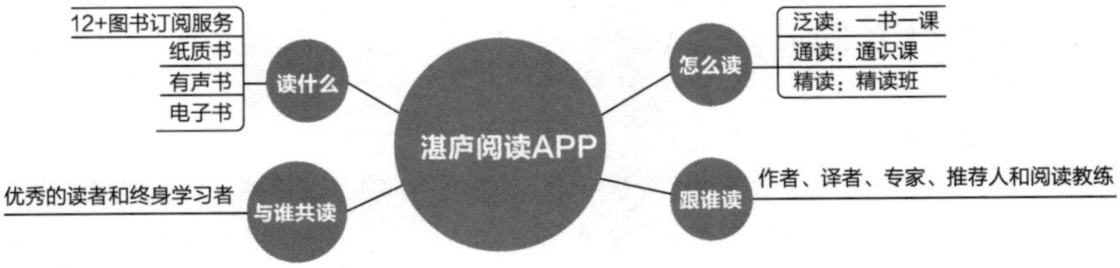


## 三步玩转湛庐阅读APP：

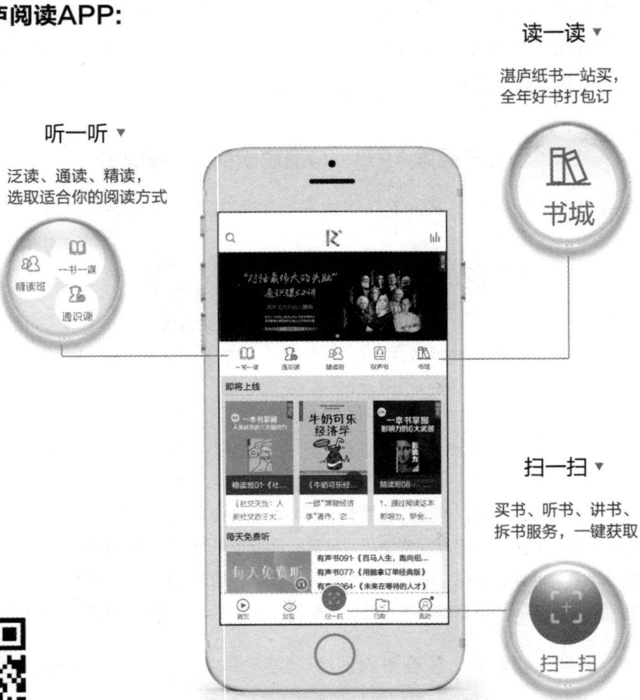


APP获取方式：

安卓用户前往各大应用市场、苹果用户前往APP Store
直接下载“湛庐阅读”APP，与最聪明的人共同进化！

# 使用APP扫一扫功能，
# 遇见书里书外更大的世界！

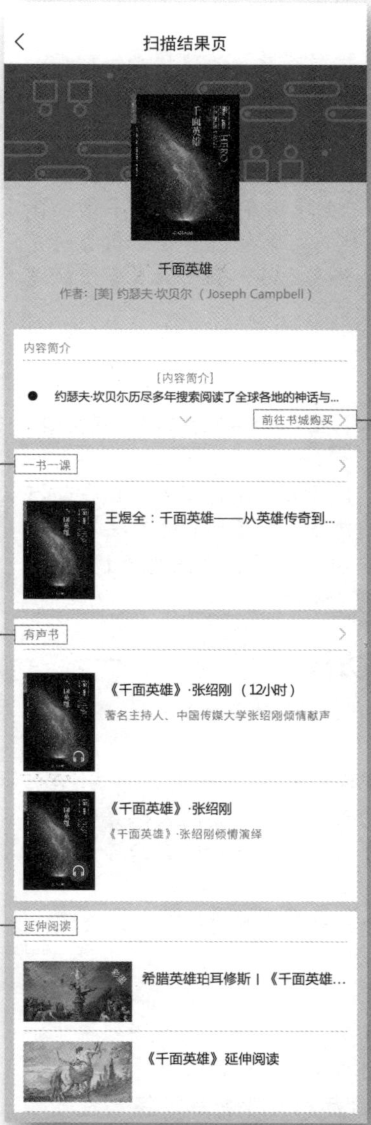


快速了解本书内容，
湛庐千册图书一键购买！

大咖优质课、
献声朗读全本一键了解，
为你读书、讲书、拆书！

你想知道的彩蛋
和本书更多知识、资讯，
尽在延伸阅读！

# 延伸阅读

## 《让学校重生》

◎ 排名第一的 TED 演讲人，全球知名教育家肯·罗宾逊，教育创新五部曲之一！

◎ 你关心教育吗？想要知道教育改革为何举步维艰吗？未来的学校又是什么样的呢？所有你对当前教育系统存有的疑惑与期许，都将在本书中找到答案！

◎ 独立教育学者、《创新中国教育》作者江学勤，一土学校创始人，2016 年“全球青年领袖”李一诺倾情作序！ LIFE 教育创新峰会负责人、21 世纪教育研究院教育创新研究中心主任马志娟，独立教育学者钱志龙鼎力推荐！

使用“湛庐阅读”APP，
“扫一扫”获取本书更多精彩内容
ISBN 978-7-213-08151-4

## 《让天赋自由》

◎ 排名第一的 TED 演讲人，全球知名教育家肯·罗宾逊，教育创新五部曲之一！

◎ 你认为自己有天赋吗？你的天赋是什么呢？你在如何度过自己的一生？在如何教育自己的孩子？又在如何管理自己的公司？本书将帮助你换个角度审视自己，使你更了解自身的天赋与爱好！

使用“湛庐阅读”APP，
“扫一扫”获取本书更多精彩内容
ISBN 978-7-213-08121-7

## 《发现天赋的 15 个训练方法》

◎ 排名第一的 TED 演讲人，全球知名教育家肯·罗宾逊，教育创新五部曲之一！

◎ 每个人都有自己独一无二的天赋。发现天赋的第一步，是要认清并了解自己的天赋所在。发现天赋并非无章可循，本书将通过科学有效的训练，带领读者走上自身天赋的探寻之路！

◎ 全书精心编排六大板块，助你发现自己真正的天赋！

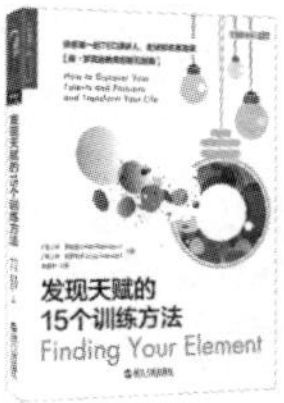


使用“湛庐阅读”APP，
“扫一扫”获取本书更多精彩内容
ISBN 978-7-213-08125-5

## 《翻转课堂的可汗学院》

◎ 互联网时代的教育改革家，2012 年《时代周刊》“100 位最具影响力人物”萨尔曼·可汗倾心力作！

◎ 比尔·盖茨缘何成为可汗的头号粉丝？谷歌为何从 150 000 个投资方案中选出了可汗学院，并将其翻译为世界上最常用的 10 种语言？答案尽在本书之中！

使用“湛庐阅读”APP，
“扫一扫”获取本书更多精彩内容
ISBN 978-7-213-06048-9

Out of Our Minds : The Power of Being Creative.
This edition first published 2017

First edition published 2001, revised and updated edition published 2011
all by John Wiley & Sons, Ltd

浙江省版权局
著作权合同登记章
图字：11-2014-236号

**图书在版编目（CIP）数据**

让思维自由 /（英）罗宾逊著；闾佳译 .— 杭州：浙江人民出版社，2018. 1

ISBN 978-7-213-08481-2

Ⅰ. ①让… Ⅱ. ①罗… ②闾… Ⅲ. ①创造能力 – 能力培养 Ⅳ. ① G305

中国版本图书馆 CIP 数据核字（2017）第 306488 号

**上架指导：教育改革 / 教育创新**



**让思维自由**

［英］肯·罗宾逊 著
闾 佳 译

---

出版发行：浙江人民出版社（杭州体育场路 347 号 邮编 310006）
市场部电话：（0571）85061682 85176516
集团网址：浙江出版联合集团 http://www.zjcb.com
责任编辑：蔡玲平 尚 婧
责任校对：朱 妍 张志疆
印 刷：中国电影出版社印刷厂
开 本：720mm × 965mm 1/16 印 张：18.25
字 数：223 千字 插 页：3
版 次：2018 年 1 月第 1 版 印 次：2018 年 1 月第 1 次印刷
书 号：ISBN 978-7-213-08481-2
定 价：69.90 元

---

如发现印装质量问题，影响阅读，请与市场部联系调换。